"西方现代化脚印"丛书

英国文明与工业革命

段亚兵 / 著

深圳出版社

图书在版编目（CIP）数据

英国文明与工业革命 / 段亚兵著． -- 深圳 ：深圳
出版社，2025.1． -- （西方现代化脚印）． -- ISBN
978-7-5507-3964-2

Ⅰ．F456.1

中国国家版本馆 CIP 数据核字第 2024RR5430 号

英国文明与工业革命
YINGGUO WENMING YU GONGYE GEMING

出 品 人　聂雄前
责任编辑　陈　嫣
特邀编辑　孙　利
责任技编　梁立新
责任校对　赖静怡
封面设计　李松璋书籍设计工作室
装帧设计　龙瀚文化

出版发行　深圳出版社
地　　址　深圳市彩田南路海天综合大厦（518033）
网　　址　www.htph.com.cn
订购电话　0755-83460239（邮购、团购）
设计制作　深圳市龙瀚文化传播有限公司（0755-33133493）
印　　刷　深圳市美嘉美印刷有限公司
开　　本　787mm×1092mm　1/16
印　　张　14
字　　数　200千
版　　次　2025年1月第1版
印　　次　2025年1月第1次
定　　价　56.00元

目 录

▶ ## 第一章　英国工业革命的兴起

工业革命为什么最早发生在英国 ———— *003*

大江大河碧水环绕，不仅给城市带来了秀美的景观；而且作为快速流通的血脉，增加了城市的活力。伦敦的泰晤士河尤其突出。乘船泛波泰晤士河，看着一河碧水日夜奔流不息，让人产生出"逝者如斯夫"的感叹，多少历史的秘密隐藏在这条长河的波涛中。

瓦特制造蒸汽机 ———— *012*

瓦特为什么能够成为工业英国工业革命第一人？应该说，既是历史选择了瓦特，也是瓦特抓住了机遇。人们将高效能蒸汽机看作是第一次工业革命的标志，瓦特因此被称为"工业革命之父"。

威斯敏斯特宫轶事

泰晤士河激流汹涌、水气茫茫、一泻千里。威斯敏斯特宫坐落在河边，河流为宫殿增加了灵气和动感，宫殿好像是一艘巨轮破浪前进。泰晤士河穿透了英国的历史（丘吉尔语），让威斯敏斯特宫进入了历史的隧道，在弥漫的历史迷雾中摸索，在风雨飘打的沧桑中行走。

英国的议会制 vs 古代中国的君主集权制

中国共产党人自觉接受了马克思主义，把马克思主义理论与中国革命实践相结合，将民众动员组织起来，让隐藏在中国社会底层最深厚、最强大的力量迸发出来。这是决定中国国运最后的决定性力量。

第三章　工业革命成功的科技原因

牛顿的苹果

西方近代科学的诞生是从意大利比萨的伽利略开始的，但是牛顿的成就更高，他是经典物理学的集大成者。科学技术为工业发展提供了条件，是工业革命发生的前提。没有科学技术的发展，出现工业革命是不可能的。

079 格林尼治的钟表

天文馆大门口的外墙上镶嵌着一个巨大的钟表，从 1851 年以来一直显示格林尼治时间。最高处的一栋小房屋顶上有一个插在直杆上的红色圆球，每天中午 12 ：58 分红球升起，2 分钟后落下，百余年来红球风雨无阻准时升降。

088 为什么古代中国技术先进却缺乏科学思想

技术不等于科学，技术是"发明"，科学是"发现"。擅长实践的中国人在技术发明方面是能手，但没有发现科学。只有技术方法，却缺乏科学思维，是最终导致中国近代落后的重要原因之一。"科学＋技术"才是工业革命发生的重要秘密。

092 中国发明了火药却挨打

由于火药的发明，人类社会由冷兵器时代进入了热兵器时代，由战争入手加快社会的转型，这方面中国人倒是立了首功；但是中国人发明的火药最终武装了英国人，鸦片战争时攻入中国逼迫中国皇帝签订了屈辱的条约。

第四章　工业革命成功的观念原因

自由观念的故乡

英国人有崇尚自由的传统，自由的种子撒播在每个人的心里，一有合适的条件就会发芽、生长。因此，在政治气候适当时，萌生出洛克的自由主义，构建了君主立宪的政治制度；而在经济气候合适时，长出了斯密和李嘉图等人的自由主义经济理论。

文学的沃土

莎士比亚是解剖人性的大师，没有人能够超过他对人类感情复杂的理解，没有人能够达到他对人性深度的洞察。他的剧作深刻反映出当时英国人文主义理想与黑暗现实的矛盾，展示理想破灭的痛苦深渊。通过他的作品能够广泛浏览到英国当年波澜壮阔的社会实景。

121 ——————————— **不列颠群岛的洪荒时代**

只见高低起伏的山坡上，有一条蜿蜒不断的石头城墙，是为哈德良长城。石墙建在山坡的顶端，顺着山势延伸，像一条干枯的荆棘藤条在绿色的草地上编织出密网，成为难以逾越的障碍；又如一条长蛇趴在山坡上，巨大的身躯对来犯的敌人形成威慑。

128 ——————————— **英伦岛上恩仇记**

这座山头，地势险要，三面是悬崖，只有一面斜坡通向山下，是一处易守难攻的要塞。山头顶上建有一座雄伟的古堡——爱丁堡。建古堡的历史最早可以追溯到公元 6 世纪。"爱丁堡"地名的原意就是"斜坡上的城堡"。爱丁堡城堡被誉为"苏格兰王冠上的明珠"。

142 ——————————— **"日不落帝国"的辉煌**

英国用不着为衰落而失落、悲伤，它已经做得很好了。英国从工业革命发生，达到辉煌的顶峰，到交出皇冠、变成二流国家，时间长达数百年；而接棒的美国成为超级大国以后，狂妄自大、穷兵黩武，短短时间里已经露出疲态。两国相比，英国人显得更有智慧。

文明荟萃的大英博物馆

不管这些文物是抢劫来的、偷盗来的、蒙骗来的、购买来的，总之宝贝都收进了大英博物馆里，大英博物馆就成为世界最著名的博物馆。由暴力和贪婪而盗取文物开头，慢慢变成了在某些方面和某些程度上保护人类文明成果的结果，真是奇特的悖论！

为什么马戛尔尼见皇上不下跪

表面上看，当时的清朝仍然是一个茂盛的大树，枝叶繁茂，但是实际上树干已经被蛀虫们蛀空了。马戛尔尼暗藏威胁意味的言论，变成了英国坚船利舰后来打破中国国门的行动；而中国在英国战舰大炮的威胁下，签订了丧权辱国的《中英南京条约》。

▶ 第六章　中国破解工业革命的秘密

中国的工业化道路步履艰难

中国人终于醒悟：国之强弱不在于大小，而在于生产方式。农业国是打不过工业国的，只有走工业化道路，国家民族才有前途。于是中国人民前仆后继开始了工业化的尝试。然而，中国工业化的道路十分曲折、艰难，可以用步伐蹒跚、满身伤痕来形容。

1978 年，在党的十一届三中全会上，以邓小平为核心的中央领导集体做出了改革开放的决定，将党的工作重心转移到经济建设上来，代替以前的"阶级斗争为纲"。于是中国第四次工业化运动开始了。40 年里，中国的工业化取得了极大的成功。

我想起了曾经流传很广的一句话："中国人用 8 亿件衬衫换一架波音飞机。"以前听到这句话感觉心酸。当时中国是以自己的优势轻工业产品，换取当时美国所擅长的重工业产品，愿买愿卖，就是平等买卖；更何况这里隐藏着中国工业化正确起步的密码。

"道"最后选择了中国共产党和社会主义制度。民众为什么选择中国共产党？因为共产党是为人民谋幸福的政党，得民心者得天下。中国为什么选择走社会主义道路？因为社会主义道路是强国之路，是中华民族复兴之路。中国的工业化势头不可阻挡。中华民族的复兴指日可待。

坚定不移地走中国式现代化新路

段亚兵

2020年4月，笔者在深圳出版社出版《德国文明与工业4.0》一书，深圳出版社的领导看过初稿后，感觉内容不错，建议就这个题目多写一些内容。于是，笔者就构思写成了一套丛书，定名为"西方现代化脚印"。

西方的现代化，包括工业化、城市化等内容，是人类文明发展史中的重大事件。在这以前，人类生产发展的形态基本上是从采集，到游牧（包括渔猎），再进入农业阶段。世界的农业文明中心，出现在中东、南亚的印度和东亚的中国，还有南美洲的一些地方。这是人类社会中农垦技术最高、农业最发达的几个地区；中国也因此长时期走在人类文明的前头、成为举旗手之一。

后来，人类的历史发展出现了一次突变，以英国工业革命为代表，世界开始进入工业社会，人类文明从此进入了新的发展方向。可以将人类社会的发展比喻为江河流经大地的形态，大江奔流，浩浩荡荡，一泻千里，但是江河不可能笔直前进，一定是弯弯曲曲，转折迂回，波起浪涌的。西方现代化运动的兴起，是人类历史发展过程中的一次重大转折。

那么，西方发生的现代化运动，最早是从什么时候、什么地点萌芽的？笔者认为，起点是意大利的文艺复兴，时间大约在500多年前的14—16世纪。同时，经历了地理大发现时期(或叫做大航海时代)。地理大发现发现了新大陆，大航海时代里全球市场逐渐连成一片，从而给英国发生工业革命提供了成功的条件，于是西方的现代化事业起步了。或许可以对西方的现代化道路做这样的概括：意大利文艺复兴是西方现代化的报春花；地理大发现为西方现代化开辟了道路；英国工业革命空前提高了生产力；近代科学思想和技术进步为西方现代化插上了腾飞的翅膀；英国资产阶级"光荣革命"和法国的启蒙运动，塑造了西方现代国家制度的面貌。所以，笔者观察到的西方现代化运动，应该从意大利开始讲述。为此笔者又写了4本书，加上已经出版的《德国文明与工业4.0》，丛书就变成了5本。现在，这套书终于完稿出版。

笔者在20多年的时间里，多次到欧洲和美洲国家参观、访问、考察、旅游。就笔者的观感而言，西方在现代化建设方面确实远远地走在人类文明发展的前面。相比之下，中国自改革开放以来，特别是近20多年里开始加快现代化的前进步伐，工业化建设大刀阔斧，城市化进展突飞猛进，现代化面貌日新月异。笔者在行游中，对中西方两者不断对照比较，自然会产生许多念头和感想。在与他国人与事的接触中，一方面，笔者不断地思考如何借鉴西方的经验实现自己国家的现代化，有道是，它山之石，可以攻玉；另一方面，也切实感觉到，中国与西方之间的差别真的很大，实现现代化的道路迥然不同。

在党的二十大会议上，习近平总书记报告中用很大的篇幅论述中国式现代化问题。习近平总书记说，中国式现代化，是中国共产党领导的社会主义现代化，是人口规模巨大的现代化，是全体人民共同富裕的现代化，是物质文明和精神文明相协调的现代化，是人与自然和谐共生的现代化，是走和平发展道路的现代化。

党的二十届三中全会通过了习近平总书记所作的工作报告《中

共中央关于进一步全面深化改革、推进中国式现代化的决定》。报告中的许多论点切中肯綮、富有启示：党的领导是进一步全面深化改革、推进中国式现代化的根本保证，开放是中国式现代化的鲜明标识，中国式现代化是走和平发展道路的现代化，中国式现代化是物质文明和精神文明相协调的现代化……

通过学习二十大报告和二十届三中全会的工作报告中总书记对此问题的系统论述，以前困惑笔者的很多疑问都有了答案，笔者也对中国式现代化理论有了新认识：中国的发展道路，与西方走过的道路相比较，至少在以下几个方面完全不同。

一是没有中国共产党的领导，中国在现代化道路上步履维艰。

中国的工业化现代化进程肇始于清末。先有洋务运动，后有戊戌变法，但都失败了。中国的第二次工业化现代化重新启动于民国，那段时期里建立起了一些以轻工业为主的民族工业。但后来在抗日战争、解放战争中，坛坛罐罐被打得稀烂。中国的第三次工业化现代化起步，是在中华人民共和国成立后的前30年中，初步建立起了中国的工业体系。第四次工业化现代化进行于1978年后的改革开放时期，终于引爆了中国的"工业革命"，取得了巨大的成功，短短40年时间里，中国跨过了高高的门槛，踏入工业化现代化的殿堂。

总结这一段历史，可以明白一个道理：中国的四次工业化现代化运动，前两次为什么失败，后面两次为什么成功，关键在于有没有中国共产党的领导。为什么只有中国共产党能够领导中国的工业化现代化事业走向成功，是因为中国共产党是由马克思主义理论武装起来的政党，是全心全意为人民服务的政党，是具有极强政治组织能力的政党。毛泽东主席有一句话说得好："领导我们事业的核心力量是中国共产党。"

二是中国进行工业化现代化，选择了一条与西方完全不同的行进道路。

西方的现代化，走的是外侵式、掠夺式的路子，而中国的现代化走的是内生性、建设性的路子，这是完全不同的两种道路。

西方列国在发家的早期，在大航海时代将手伸到国外，建立起了全球的商业网络，强占了大量的殖民地，开辟了商品的倾销市场，霸占了大量的生产原料来源地，在殖民地民众的白骨和血泪上建起了自己的商业帝国。这方面有几个突出的例子：英国曾被称之为"日不落帝国"，将手伸到了世界的各个角落；大航海时代的探险者葡萄牙，在亚洲和拉丁美洲建立了多个殖民地，包括中国澳门；西班牙从南美洲掠夺了大量的黄金和白银，当年过着世界上最豪华的生活；"海上马车夫"荷兰也占领了很多地方，染指台湾，命名新西兰，甚至在美洲哈德逊河口的一块地方建起了新阿姆斯特丹(就是如今的纽约)；比利时和法国在非洲占领了大量的殖民地，把当地民众卖为奴隶，将其财产运回宗主国。西方现代化的成功，是建立在对全世界的剥削和掠夺之上的。

中国进行工业化现代化，完全靠自己内在的力量。当然，中国对外开放，也从外国购买工业原料，向世界供应产品。但这完全是建立在平等互利商业基础上的一种贸易关系。中国实现现代化主要靠自己的辛勤劳动慢慢积累，而不是像当年的西方列强那样靠占领掠夺殖民地实现自己的原始积累。

三是中国进行的工业化现代化，目标是让全体人民共同富裕。

在西方发展过程中，我们看到了一个悖论：随着经济的发展，越来越多的财富越来越集中在少数人手里。有钱人富得流油，而普罗大众并没有得到多少实惠，反而有众多的人日益贫困化。这种情况不由得让人想起唐朝诗人杜甫"朱门酒肉臭，路有冻死骨"的诗句。以美国为例，随着全球化的发展，富人越富，穷人越穷，连中产阶级都开始慢慢地陷入贫困泥沼中。其主要原因在于：西方的现代化是资本主导的少数人的现代化，而中国的现代化是着眼于人的公平正义，走共同富裕的现代化。

中国进行的工业化现代化，之所以呈现出一种全民共同富裕的特征，是因为中国是社会主义国家，走共同富裕之路是社会主义理论的题中应有之义；而这一理论又与中国传统文化中"大道之行也，天下为公"的理念完全相符合。中国式现代化，对内是要全民共同富裕，对外是要联合世界上一切对我平等的民族国家共同发展。

本人通过写作这本书更加深刻地认识到，中国式现代化是前无古人的事业，是艰苦卓绝的奋斗，是造福人民大众的善政，是开辟新式的现代化道路模式的选择。概括起来说，中国式现代化理论是在马克思主义理论指导下对其发展的成果，也是深深根植于中国优秀传统文化土壤里的一朵绚丽的花朵。中国式现代化是新模式，与西方的现代化不可同日而语。中国式现代化走的是天下为公的宽敞大道，要实现的是共同富裕的理想社会。天下为公的治理方针能够保证可持续发展的稳定状态，共同富裕的社会才有可能建立起公正公平的理想社会。

中国式现代化道路不仅是适合中国发展的正确道路，也是有利于全球发展的锦囊妙计。中华民族愿意与普天下的众多民族走一条共同富裕的道路，实现天下大同的理想。因为中国人认识到，蔚蓝色的地球，是茫茫星空中人类唯一的家园；人类命运共同体，是一艘航行于波涛汹涌大海里的方舟。人类唯有同心携手，方能共同创造美好的未来。

人总是通过他者认识自己。只有深入地了解别人，才能更好地理解自己。仔细研究别人的得失，有利于做好自己的事情；观察别人的走过的路，方可以有把握地确定自己的行动：他人成功的经验是我们可以吸收的营养，他人的失误是对我们的警示。在他人的挫折里吸取教训，可以帮助我们避开道路上的大坑；分析他人走弯路的教训，有可能给我们弯道超车的机会。

这就是笔者要写作这一套丛书的目的。

文明在接触交流中进步

段亚兵

我退休后有了一些机会去国外走动。异国情调，目不暇接；所见所闻，收获良多。去欧美一些国家感觉收获更多一些。思索观察欧洲国家为什么能够率先踏上现代化的道路，是一个饶有趣味的研究课题。

近几年德国的制造业发展引人注目，率先提出了"工业4.0"的概念。受到启发，我产生了写一本介绍德国文明的书的想法。书稿完成后，与出版社的几位编辑讨论聊天，大家认为，包括德国在内的欧洲国家走出了一条不同凡响的道路，在人类文明发展史上创造了奇迹。有一位编辑来建议说："既然开始研究德国文明的发展，那能不能将视野再放宽一点，多写几本欧洲其他国家的书，探讨西方现代化文明发展的路径。这位编辑的话让我头脑快速运转起来，打开了我多年所见所闻的记忆和不断思考的闸门。于是，写作"西方现代化脚印"丛书的想法逐渐成熟，我初步考虑写作5本，包括德国、意大利、西班牙、葡萄牙、荷兰、英国、法国等。我认为研究西方现代化文明发展史，应该从文艺复兴开始谈起，讲述大航海时代，评说启蒙运动，探讨工业革命发生的原因等，落脚到德国的工业4.0。以上是西方现代化过程中的几个重要节点。如果按照这个逻辑，我目前的写作顺序已经反了，德国文明的书稿已经写成，只好再倒叙其他国家的故事。好在这不是一部学术著作，结构方面不必严格要求；而是一本文化思考的书，顺序可以灵活安排。

打开西方现代化文明发展的历史画卷可以看清楚一个事实：现代文明虽然最早出现在欧洲，但这是人类古代文明综合发展的结果。

首先，西方现代化文明发展的源头和传承路线复杂，古希腊文明是其源头之一。虽然古希腊地处欧洲，但是古希腊文明的智慧并不是直接、自然地流传到近代欧洲，而是经由阿拉伯文明作为二传手的。在长达千年的中世纪里，古希腊文明的智慧被阿拉伯文明继承并发展，反哺欧洲引发文艺复兴运动，成为欧洲现代化文明发展的思想动力和智慧宝库。

其次，欧洲的文明发展受到了世界其他文明发展的影响。以中国与欧洲的互动为例。中国与欧洲分处在欧亚大陆的东西两端，虽然地隔万里，但是中国与欧洲文明的交流实际上一直在进行。威尼斯人马可·波罗在监狱里口述在中国的见闻，成书后在欧洲引起了轰动。欧洲人发现东方大国的繁荣富裕后思想不再平静，产生了想要与东方往来的强烈愿望。大航海时代是欧洲迈进现代化的一个重要历史时期。然而，在哥伦布探索新大陆之前的半个多世纪，明朝的郑和就已经完成了下西洋的壮举。两个船队的航船大小和船队规模不可同日而语，中国的航海技术为哥伦布等西方航海家的探险提供了智力支持。

回顾历史只想说明一个观点：文明是在接触交流中发展的。一个文明善于向其他文明学习借鉴，才能不断取得进步；如果自我封闭起来，拒绝学习和交流，这个文明就会落后、衰败，最终被历史淘汰。

当然，文明体之间有竞争，有挑战，甚至有冲突。英国著名学者汤因比提出的"文明的挑战和应战"理论给人启发，美国学者亨廷顿提出的"文明冲突"理论也值得思考。也许，文明是在挑战应战中产生和发展，也是在冲突中毁坏和更新。总之，不管是主动地学习、自愿地借鉴也好，还是被动地应战、严重地冲突也好，文明总是在接触、冲撞、交流、融汇中发展。

习近平于2019年在北京召开的亚洲文明对话大会上谈到了这个道理。他认为，文明交流应坚持开放包容、互学互鉴，如果长期自我封闭，文明必将走向衰落。他说："我们应该以海纳百川的宽广胸怀打破文化交往的壁垒，以兼收并蓄的态度汲取其他文明的养分，促进亚洲文明在交流互鉴中共同前进。"

写这套丛书有两个目的：一是研究欧洲诸国实现现代化的历程，看看西方为什么会后来者居上，在历史发展中走在前面，它们在现代化道路上行走中有些什么经验和教训可为我参考。二是明白开放的环境、积极对外学习的态度有利于自身文明发展的道理。自我封闭是危险的，拒绝文明交流是愚蠢的。他山之石，可以攻玉。我特别喜欢费孝通老先生讲的一句话："各美其美，美人之美，美美与共，天下大同。"短短16字，说出了人类文明体应该互相尊重、互相学习，才能有利于文明发展的大道理。

第一章

英国工业革命的兴起

工业革命为什么最早发生在英国

又见伦敦

我对英国、对伦敦的新奇特殊的感觉，有一部分来自文字。英国名作家狄更斯在《双城记》开篇里有这样一句话："这是最好的时代，这是最坏的时代；这是智慧的年代，这是愚蠢的年代……"这段话之所以让我印象深刻，不光是因为文字表现出截然相反对比的情境，而且因为它准确地描写了当时的时代特征。狄更斯这本书描写的时代背景是18世纪的60年代，地点是伦敦和巴黎。这正是英国发生工业革命的时代。文学大师的笔触将工业革命带来的变化刻画得入木三分，从而留下了隽永的文字。

后来我又听到了一句需要不断琢磨的话："若是你厌倦了伦敦，那就是厌倦了人生。"这句话是18世纪英国的文坛大师塞缪尔·约翰逊说的，他因为用一己之力完成了英国词典的繁重编撰任务而扬名天下。这句话乍一看十分普通，实际上暗藏着对伦敦的极高褒扬。谁能厌倦人生呢？因此也就不会厌倦伦敦。笔者倒是能体会到这句话的深层意思，自我十几年以前去伦敦，回来后就对这座

⊙ 卧波泰晤士河的伦敦塔桥

城时常惦记，仿佛这是一位认识了、深谈过、忘不了的知识渊博、睿智幽默的老先生。从此以后，对伦敦发生的重要事情我都特别关注，而且有不同以往的感觉。

中国人喜欢伦敦，大约与徐志摩的那首名诗《再别康桥》有很大的关系。"悄悄的我走了，正如我悄悄的来；我挥一挥衣袖，不带走一片云彩……"这首诗的文字是那样贴切，营造的意境是那样美好，文学青年们没有人不熟悉这首诗。由于这首诗，人们对剑桥更是产生了特殊的兴趣。

英国与中国相隔万里，中间相隔整个欧亚大陆的万水千山。横穿欧亚大陆，从东头到西头，再跨过一条波浪汹涌的多佛尔海峡，才能到达大不列颠岛。

这个岛屿说起来不算大，面积24.41万平方公里，略大于我国广西（23.67万平方公里）；与中国的距离如此遥远，但人们不能不看重它。因为在这个小岛上发生了许许多多大事情，其中的一些事儿对人类文明发展起到了巨大推动作用；在人类财富的增加上，演出了一场极速聚集、成倍增长的魔幻戏剧。而在另外一些场景中，它扮演了不光彩的角色，例如，在开拓北美洲过程中，这里是贩卖黑人的最大的中转站之一。

十几年前首次到伦敦，我留下了深刻的印象。后来的日子里，我一直关注留心伦敦发生的各种事情。这次又到伦敦，感觉十分亲切。

我走过的国内外城市，凡是拥有大江大河水系的更显美丽。大江大河碧水环绕，不仅给城市带来了秀美的景观，而且作为快速流通的血脉，增加了城市的活力。伦敦的泰晤士河尤其突出。乘船泛波泰晤士河，看着一河碧水日夜奔流不息，让人产生出"逝者如斯夫"的感叹，多少历史的秘密隐藏在这条长河的波涛中。河边最高的设施是大转轮，它是英国人观察世界的大眼睛；坐在大转轮的观景舱里随着转轮缓缓转动升高又落下，伦敦丰富多彩的城市景观尽收眼底。伦敦塔桥在蓝天的映衬下更显壮观，水面上倒映出塔桥的倩影。塔桥下的北岸就是伦敦塔，古老的建筑在一段时间里弥漫着钩心斗角的阴谋气息和争权夺利的刀光剑影。

威斯敏斯特宫（如今名叫议会大厦）临河而建，这是一座经典的哥特式建筑，建筑体量巨大，巍峨而典雅，柱形塔楼挺拔，钟楼尖塔高耸。大楼里的会议大厅里，议员们坐在各自的位置上，滔滔不绝地讨论天下大事，耳边传来大本钟洪亮的钟声。议会大厦的西面是著名的威斯敏斯特教堂，教堂不仅是英国的宗教中心，也是历届国王登基的地方。教堂中间有一处墓地，埋葬着许多伟大的人物，例如大科学家牛顿。北面隔着一条街是政府机关所在地，唐宁街10号、外交部、国防部、市政厅依次排开，每天官员们在这里做出各项决定，发出一道道指令。这一区域无疑是英国的政治中心、思考的大脑、供血的心脏。

女王曾住在白金汉宫，宫殿位于威斯敏斯特区的西边。在白金汉宫的广场上溜达，可以观看戴着高高黑毛帽子的皇家卫兵们豪华的换岗仪式，欣赏皇家骑兵卫队的列队操练，这些体现了皇家权贵文化的经典仪式，实际上变成了供游客们欣赏的精彩表演。如果喜欢在公园里散步，肯辛顿公园、海德公园都是好去处。事实上伦敦的绿地非常多，行走其间，呼吸带着潮气的清新空气，聆听鸟语虫鸣，体验一番英式园林的幽静之美。

我再次到大英博物馆参观，去看一看古代文明的各种宝贝；去大英图书馆，摸一摸马克思研究学问、著书立说时坐过的座位。牛津、剑桥大学自然也要再次观光溜达，这些享有盛誉的学府殿堂，是英国产生各种思想的智库，培育出无数名人学者。

旧地重游，好像是老朋友相见，更加感觉到了英国的独特、伦敦的优雅。如果概括一下自己对伦敦的看法，可以归纳为：它是一座历史悠久之城、金融之城、移民之城、文化之城。

历史悠久之城

在古时中国人的印象中，英国是一个孤悬在遥远海外的小岛。直到清朝，中国的皇帝还不太明白英国到底是一个什么样的国家，对伦敦自然更说不清楚了。

伦敦的起源可以追溯到古罗马统治时期。在公元前后百余年的时间里，罗马统帅恺撒和皇帝克劳狄一世先后攻占不列颠岛，使其成为罗马行省。罗马人以位于泰晤士河的伦敦（最初的名字是伦底纽姆）为中心，向四面八方修建大道，连接各地的城市，使伦敦成为罗马不列颠统治中心。到公元3世纪末，伦敦就成为一座有一定规模、多元文化相融合的城市了。后来经历了盎格鲁-撒克逊人的占领，诺曼人的征服，直到现在的温莎王朝。从19世纪到20世纪初，

◉ 伦敦塔

随着英国成为"日不落帝国",伦敦成了"世界的首都"。二战中发生的"不列颠空战"中,伦敦诸多大建筑毁于纳粹德国猛烈的空袭战中,伦敦三成的地区被夷为平地。战后伦敦重建,成了游人今天看到的模样。

金融之城

在伦敦泰晤士河北岸,圣保罗大教堂东侧、伦敦塔西侧,有一块面积为2.6平方公里的小区,当地人称其为"一平方英里(Square Mile)"。由于小区里聚集了大量银行、证券交易所、黄金市场等金融机构,被称为伦敦金融城。离金融城东边不远的地方,还有一个名叫"金丝雀码头(Canary Wharf)"的地方。面积不算大,却矗立着数幢几十层的高楼,也是金融机构扎堆的地方。这里的楼群面貌比较新,设计式样更现代化,因此被称为"新金融城"。

实际上伦敦整个儿就是一个大金融城，是世界最重要的国际金融中心之一。根据全球金融中心指数排名，2013年伦敦位居世界第一。2013年伦敦的日均外汇交易约2.5万亿美元，占世界41%份额；伦敦还有世界排位第二的国际保险市场，有最古老的证券交易所、黄金市场等。伦敦掌控着黄金、白银的定价权，因此国际黄金名为伦敦金、国际白银名为伦敦银。

全球金融地位上能够与伦敦相比的，还有纽约和香港。2008年美国《时代》周刊封面以"三城记"为标题讲述了三座金融城的故事。周刊编辑为此创造了一个"纽伦港（Nylonkong）"的新名词，即纽约（New York）、伦敦（London）、香港（Hong Kong）三城联合体。这三座城市不但金融实力强，而且地理位置优越，占据世界三个极佳地点，构成了全球金融网。

有了这张金融网，巨量的资金就像洪水一样在全世界流动。伦敦下班了，纽约开始工作；纽约进入梦乡时，香港迎来了清晨的阳光。靠着这张网，海量资金闪电般地在全球流通，极大地促进了经济全球化的发展势头。

移民之城

伦敦是世界上最著名的移民城市之一。全球城市中，论移民度最高的可能要数中国的深圳，移民度达到95%以上；论移民来源的多样性，要数纽约，这是最国际化的移民城市；而要论移民的历史长度，则非伦敦莫属。

自公元前开始，伦敦移民一批接着一批，不断出现新面孔。这里最早的居民可能是彪悍的凯尔特人，他们修建了一座跨越泰晤士河的桥梁；随着罗马军团占领伦敦，罗马商人也来到这里做生意；接着盎格鲁-萨克逊人跟着进入伦敦安下家来；北欧维京人眼红岛上居民的财富，侵入伦敦抢劫放火；再后来诺曼人成了这里的新主人。随着英国工业化步伐的加快，移民来此的人越来越多。

在一般人的刻板印象中，伦敦是白种人的城市。但走在这座城市的街头，会发现各种各样肤色的面孔。如果来到中国城，见到的多是黄皮肤的华人。导游介绍说，伦敦约有880万人口，其中移民约占1/3，来自几十个国家。伦敦移民说着三百多种不同的语言，可以在这里品尝到世界各地的美味佳肴。伦敦具有世界上最丰富的移民文化生态，唐人街的春节欢庆活动充满了中国热闹的年味文化，诺丁山拉丁人的盛大狂欢节弥漫着热情浪漫的气氛，布鲁克大街的印度饭店里散发出印度餐特有的咖喱味儿，爱德华路的阿拉伯社区显示出阿拉伯文化的风情。伦敦就像万国文化的博览会，让人着迷。

移民城市好不好？当然有其好处。来自各地的移民带来了不同的文化，相互接触比较、碰撞冲突、汇集融合，充满了生气，形成了张力，生长出拥有无限潜力的新文化。

文化之城

伦敦是文化之城，文化多种多样，生活丰富多彩。

伦敦有许多世界著名的博物馆，我两次到伦敦都少不了到大英博物馆打卡，这次来又参观了国家美术馆、贝克街的福尔摩斯博物馆等。伦敦是全球的传媒重镇，有著名的英国广播公司（BBC）、路透社等。我参观过BBC大楼，我们站在高高的参观平台，隔着玻璃窗观看下面编辑大厅里的忙碌景象。记者们从世界各个角落发来各种各样的新闻视频和电讯，它们被巧妙地剪接、编辑后播发到四面八方，用英国人的眼光观点评说世界上发生的各种大大小小的新闻事件。伦敦城的舰队街是英国报业扎堆的地方，其中的《泰晤士报》《金融时报》《每日电讯报》《卫报》等都是世人皆知的报业名社。伦敦也是戏剧之城，环球剧场专门上演莎士比亚的戏剧；伦敦西区是音乐剧的圣地，韦伯最著名的音乐剧《歌剧魅影》和《猫》在这里常年演出。文学方面也不含糊，因为拥有莎士比亚、狄更斯、简·奥斯丁和哈代，伦敦就是一座文学之城。伦敦拥有伦敦交响乐团、伦敦爱乐管弦乐团、皇家爱乐管弦乐团、爱乐管弦乐团、BBC交响乐团等5个专业的交响乐团，演奏水平呱呱叫。伦敦也是体育重镇，1908年、1948年先后举办过两届奥林匹克运动会，2012年还举办了一届夏季奥运会；此外，也举办过大英帝国运动会、世界杯、欧洲国家杯等国际赛事。

上次到英国，我被伦敦丰富多彩的城市文化深深吸引，回国以后写了一本书，书名为《富人为何喜欢住伦敦》。这次来英国，走访了更多的城市，加深了对这个国家的了解。尤其是伦敦，感觉对这座城市了解越深，就越喜欢它。

工业革命为什么发生在英国？

打开世界地图看一看，会发现英伦三岛地处欧亚大陆的西端，孤悬海外，很是边缘化。而人类文明古国，都是在大陆中央地带、海陆交通便利的环境里发展起来的。以五大文明发源地为例，两河文明地处欧亚大陆板块中间位置，且濒临地中海；古埃及文明在北非，且在地中海南岸；古印度文明在南亚大陆，被印度洋环抱；古中国文明在欧亚大陆东端，面向太平洋；古希腊文明在欧洲大陆中段，且深入地中海。

文明发源地，既然出现时间早、发展时间长，按理说后续发展会越来越好。但实际情况却并非如此，而欧亚大陆边缘一个小岛上的小国，反而超越他国、崛起成为人类文明的领军者。这是为什么呢？

原因有两条：交通枢纽位置的改变，新型生产力的发展。先说第一个原因。原来全球最重要的陆地交通在欧亚大陆板块上，就是人们所说的丝绸之路；海上的交通枢纽在地中海，这是连接亚欧非的一片海域。到了大航海时代，欧洲发现了美洲新大陆，又打通了经过非洲南端的好望角到印度的航线，结果全球交通的枢纽转向了大西洋。本来孤悬海外、边缘化的英国却成为相对中心的位置。

再说第二个原因。适应生产力发展水平，人类社会不断转型，让生产效率大大提高。生产方式经过了原始的狩猎/采集、种植业、工业等形态。狩猎/采集社会里，人们捕获飞禽走兽，采集野生瓜果，生活过得自由自在。虽然大自然丰富的馈赠能够满足人们的需要，但是如果跟不上生活节奏会被无情地淘汰，例如老人被遗弃、不健康的小孩会被处理掉。人类进入种植业社会，开始拥有干预自然界的能力，培育、种植优良谷物以增加收成，畜养牛羊以提供肉食。但是人们从此被绑在了土地上，失去了自由。谷物虽然不断增加，但是由于需要投入大量劳动力，结果人口也迅速增加。按照《人类简史》作者尤瓦尔·赫拉利的说法，"人们以为自己驯化了植物，但其实是植物驯化了智人……农业革命就是一个陷阱"。后来人类又进入工业社会，变本加厉地大规模干预自然界。由于解决了动力问题，人类变得比任何时候都要强大。工业社会发展以后，人们变得富裕，生活更加舒适方便，但付出的代价是空气、水源被污染，社会更加贫富不均。

总的说来，每次生产方式的发展转型，意味着生产效率的提高。农业生产效率高于狩猎/采集，而工业的生产效率更是成百倍地高于农业。英国最早抓住了工业革命的机会，成为生产效率最高的国家。就是由于交通枢纽改变和生产方式的转型两个原因，让英国脱颖而出成为当时引领人类文明发展的领军者。

在《海洋文明与大航海时代》书里，我分析了由于地理大发现，全球交通线路发生变化的情况。在这本书里我们要研究工业革命最早发生在英国的原因，探讨英国乘工业化的东风而崛起成为世界大国的奥秘。

瓦特制造蒸汽机

典雅的格拉斯哥

这一天，我们来到了格拉斯哥（Glasgow）市的乔治广场。

来格拉斯哥有三个理由：一是该市是苏格兰第一大城市，政治地位仅次于爱丁堡；二是可以感受到18世纪英国最辉煌时期的历史荣光，这一时期是英国维多利亚时代的鼎盛时期，格拉斯哥是此时英国最出色的城市；三是寻找瓦特的足迹，他是英国工业革命时代的标杆式人物，深入了解瓦特也许能够搞懂英国工业革命的秘密。

格拉斯哥是个多雨的城市。我们到来这天，天空飘着淅淅沥沥的雨丝，地下湿漉漉的，但丝毫不影响我们观光的兴致。格拉斯哥位于苏格兰西南部。该市虽然不靠海，但是濒临克莱德河河口，顺着河流进入北海，再通向大西洋，航运交通十分便利，因此成为英国工业革命中第一批兴旺发达起来的城市之一。

乔治广场建于1781年，那时英国即将进入维多利亚鼎盛时期，从眼前的建筑能够看出昔日的辉煌，城市里弥漫着曾经富裕的气息。广场面积大如足球场，宽敞而典雅。东面是格拉斯哥市议会大楼，建筑体态厚重，楼顶上竖立着几个圆顶的塔楼，感觉像是以罗

◉ 苏格兰格拉斯哥的建筑贵气典雅，显示着维多利亚时代的鼎盛

马式建筑为主的混合风格，应该是当时流行的样式吧。北面是火车站，西面是商业街，人流熙熙攘攘，比较热闹。

广场最大的特点是有众多的雕像，因此被称作"露天雕塑博物馆"。雕塑中，有骑着骏马的维多利亚女王和她的丈夫阿尔伯特亲王；有先为爱丁堡公爵、威尔士亲王，后是英国国王兼汉诺威国王的乔治三世；有写出《国富论》的亚当·斯密；有苏格兰的农民诗人罗伯特·彭斯等。雕塑群像中当然少不了瓦特，找到后我们合影纪念。最引人注目的是广场中央一个圆柱碑顶端的雕像，导游介绍说是苏格兰著名作家沃尔特·司各特，只见他站立在顶端，眼光注视远方。

乔治广场因英王乔治三世而命名。乔治三世在位时间长达60年（1760—1820），对于英国，这是一段困难的时期。当时英格兰政

⊙ 乔治广场上的圆柱形纪念碑高高耸
立，苏格兰著名作家司各特站在
纪念碑顶端，目光望向远方

府软弱无力，议会两党激烈对抗，大臣们整天吵吵闹闹。这段时间当国王殊为不易；而接下来的维多利亚时代则是英国的鼎盛时期，此时期的维多利亚女王也是一个长寿国王，在位时间长达64年（1837—1901年在位），超过了乔治三世。广场上有这样两位君主塑像，却把司各特的雕像放在广场中央圆碑的最顶端。这说明苏格兰人对文人作家的尊重。苏格兰的首府爱丁堡被联合国教科文组织命名为"文学之都"。这两件事说明了苏格兰人对文学情有独钟。君王与作家，孰重孰轻？苏格兰人回答说：作家更重。这一点让我感动好久。广场集中体现出城市的文化品位，而文化是滋润这座城市创新精神的丰富营养。

广场四周古典建筑环抱，尽显维多利亚时代的高贵和奢华气派。广场上有许多游人嬉戏游玩。白鸽在地上觅食，海鸥在空中飞翔，飞鸟飞累了，就落在雕像上休息，肆无忌惮地在雕像的头顶、肩膀上排泄，鸟屎白花花一片，让人哭笑不得。广场上有大片绿地，许多花坛姹紫嫣红十分漂亮。有一支摄影队伍在广场上拍片取景，广场的美景和典雅风格，常年不断吸引许多摄制组和摄影家来此采风。

◉ 凯尔温格罗夫博物馆的地位仅次于伦敦的大英博物馆。不远处是著名的格拉斯哥大学

格拉斯哥大学是个好去处。该大学创立于1451年,建校时间排名在牛津、剑桥、圣安德鲁斯之后,是全英第四所大学,办学历史悠久,学术氛围浓厚。校舍建筑式样古朴,墙体厚重,好像经历无数次风雨冲刷的城堡,墙壁水印斑驳。方柱形的塔楼,屋顶呈尖尖的圆锥形,门套和窗台多有半圆形的繁复装饰,能够使人领略到那个时代的流行风格。在一个四方庭院里有众多的拱形连廊,圆柱上的方形肋条撑起了一个个圆形穹顶,好像是大树上的茂密枝条连成一片,仿佛使人进入了一个魔幻世界。栋栋大楼掩映在绿树草坪之中,环境美丽幽静,是学子求学读书的好地方。

格拉斯哥大学培养出许多著名学者,例如经济学之父亚当·斯密、提出热力学温标概念的开尔文等。瓦特在该学校里开办修理所,拿到了博士学位,后来为学校带来了巨大荣誉。据说格拉斯哥大学出了7位诺贝尔奖获得者、4位高等院校的创建者、2位英国首相和众多的精英学者,在欧洲乃至世界教育界享有盛誉。导游告诉我

⊙ 格拉斯格大学的回廊，繁复的穹顶、魔幻的风格，
令人叹为观止

们，大学里中国留学生数量很多，在这样的学校里留学实在是幸运。

我们还参观了建于1136年的格拉斯哥大教堂、建于1829年的格拉斯哥现代美术馆、热闹非凡的布坎南街等，有很多房子算得上是维多利亚时代顶级精致高贵的建筑。总的来说，格拉斯哥不算现代时尚，说不上时髦流行，但很有味道。这座城市好像古玩一样，随着时光流逝，风气会变化，时髦会褪色，但是价值却越高，让人爱不释手；又像一杯窖藏的美酒，装酒的瓶子不见得奢华，但是酒味却越来越香醇，令人喝在嘴里不忍咽下。

瓦特家族的起步

在格拉斯哥城市观光，最吸引人的是从城市中间穿过的克莱德河。河面宽阔，河水清澈，静水流深，四处是游人欢乐的笑声。拥有河流的城市往往是妩媚秀丽的。克莱德河不仅仅给城市带来了

◎ 克莱德河穿城而过，河水清澈，静水流深

秀美景色，更重要的它是城市的交通水道。货轮顺河流而下，出海口，入北海，再到大西洋，将货物运送到世界许多城市港口。

格拉斯哥有方便的水运条件，大航海时代即成为欧洲的烟草中心。这里的烟草商进口烟草，批发到各地，垄断了英国全国半数以上的烟草进口生意，瓦特的祖父就是其中的一员。这位有能力、善经营的商人，租来商船，船上装满英国的纺织品，顺流而下出海口，沿着哥伦布开辟的航线，开往北美洲英国的殖民地弗吉尼亚；卖掉英国先进时髦的商品，收购大量高质量的烟草回到格市；再将烟草批发转卖到欧洲各地，赚到丰厚的利润。周而复始，循环操作，不怕操劳，不断积累，他的家底变得厚实。

瓦特的父亲将生意更提升了一步。他成立了一个小造船作坊，规模不大，也没有什么大型机器，靠着工匠们的手工技艺制造一些小船。不要小看这些作坊，这说明瓦特的父亲开始从贸易商转型为制造商。这种转型有深刻的时代背景，在圈地运动中失去土地的农

◉ 克莱德河老港口上的灯塔回忆着城市往日的繁华岁月

民只能涌向城市找工作，因此当时英国的手工作坊多得像雨后草原上长出的一大片蘑菇。圈地运动算得上是英国工业革命发生的条件之一。

经过一番努力，瓦特的爷爷、父亲不仅变成了有钱人，而且积极参政，两人都当选过市议员，瓦特的父亲甚至还当选为市长。这样的家庭中培养出瓦特这样的发明家、技术专家，不算是偶然的事情。

在格拉斯哥观光一番，我觉得可以用"典雅"这样的词形容这座城市。一是由于这座城市财富家底厚实。它是在工业革命时期成长起来的城市之一，发展工业积累的金钱固化成了这座城市的建筑身躯。城市既拥有浓厚的贵族绅士气质，又散发着新贵资产阶级的奢华味道，二者虽不大合拍，却又融为一体。二是由于这座城市文化底蕴深厚。以格拉斯哥大学为代表的大学，是英国当时的知识殿堂、人才熔炉，培养出了不少的名人。乔治广场上的雕塑群就是这座城市的名人林，这尤其能够让人产生崇敬之心。三是由于这座城市成长于维多利亚时代，那个时代的英国正像一个风华正茂的年轻人，朝气蓬勃，英姿勃发，心胸开阔，眼界远大，这样的城市自然有它独特的魅力。而如今的格拉斯哥又变身成为英国时尚城市之一，新建了许多现代化式样的建筑。这座城市里，坚守与流行比试，怀旧与新潮并行，传统与时尚合流，贵族与富豪争艳，典雅多样的风格令人着迷。

瓦特登场

如果要从某个人开始讲述英国工业革命的故事，这个人非瓦特莫属。工业化的过程可以分为若干进程，例如以蒸汽机为动力算第一次工业化，以电力为动力算第二次工业化……詹姆斯·瓦特（James Watt，1736—1819）是第一次工业革命的标志性人物。

瓦特是苏格兰人，出生于格拉斯哥市的格林诺克镇。历史学家一般将英国工业革命发生的时间确定于18世纪60年代。此时瓦特正值青年。可以说瓦特是为工业革命而生的。

瓦特小时候因为身体较弱没有办法在学校坚持上课。幸运的是他母亲出身于贵族家庭，受过良好教育，因此有资格在家中负责儿子的教育。瓦特聪明好学，母亲老师对儿子在学习中表现出来的数学天分和动手能力表示满意。记得小时候有篇课文，配的插图是小学生模样的瓦特坐在厨房观察烧开水，想搞清楚壶盖为什么会动。这幅画的场景不知真假，但是，瓦特对生活中的一些普通现象充满了好奇心应该是真的。

天有不测风云。瓦特17岁时，母亲去世，父亲的生意开始走下坡路。瓦特就去一家仪表修理厂当学徒，掌握技术后21岁时在格拉斯哥大学里开设了一间小修理店，不久被大学任命为"数学仪器制造师"。就在这个小修理店里，瓦特开始了对蒸汽机的实验。他阅读了能够找到的有关蒸汽机的所有材料，有了一些独特的发明想法。5年后，他听说格拉斯哥大学有一台纽科门蒸汽机正在伦敦修理，很久修不好。他大胆请缨，承担了这台蒸汽机的修理工作。蒸汽机修好了，但是效率很低。就在这台机器上，瓦特做了大量实验，从此走上了彻底改造旧式蒸汽机的道路。瓦特在技术上的发明创造专业性太强，难以详述，简单概括如下：瓦特发现旧式蒸汽机严重浪费蒸汽，因此在机身外加一个凝气器，结果大大降低了蒸汽消耗量。1769年，他取得了"降低火机的蒸汽和燃料消耗量的新方法"专利。1781年，他发明了行星式齿轮，将蒸汽机的往复运动变为旋转运动。1782年，他发明的双作用蒸汽机使活塞沿两个方向的运动都产生动力。1788年，他又发明自动控制蒸汽机速度的离心调速器，并发明了压力表。这就使瓦特蒸汽机配套齐全、切合实用。这样瓦特就发明了一种万能蒸汽机，当时的造纸厂、面粉厂、纺织厂、铁厂、酒厂等都开始使用，需求量大增。瓦特也从一个工匠变成了工程师、科学家。他1785年被选为伦敦皇家学会会员，1806年被格拉斯哥大学授予法学博士学位，1814年被选为法兰西科学院外国院士。（资料来源：《简明不列颠百科全书》，8卷，第96页）

◉ 乔治广场上的瓦特雕像。瓦特是
英国工业革命的标志性人物

⊙ 伯明翰市中心百年广场，1989年为纪念伯明翰
获得城市地位100周年而命名

瓦特到伯明翰求发展

我继续寻找瓦特的足迹，为此来到了伯明翰。瓦特在这座城市
待的时间比较长，在这里完成了对蒸汽机的研究和制造任务。

伯明翰是英国第二大城市，地处英格兰中部，距离伦敦不远。
原来只是一个小村庄的伯明翰，12世纪时开始发展成为工商城市，
英国工业革命时期变成了大城市。伯明翰是当时全世界最大的工业
区，据说这座城市生产出口的产品占到英国的1/4以上。由于伯明翰
位置居中，又是工业重镇，被誉为"英格兰的大心脏"。

按理说，伯明翰应该与格拉斯哥一样也是一个城市建筑奢华、
贵族化气氛很浓的城市。但是在二战期间，伯明翰受到了德国空军

⊙ 从伯明翰运河，能够看昔日工业革命的影子

的猛烈轰炸，原来的建筑多数毁于战火，后来在20世纪中期进行了大规模的重建，水泥钢材取代了原来的石块和方砖，简单统一的标准代替了原来高贵典雅的建筑风格。有人因此认为伯明翰变成为"混凝土森林"的"丑陋城市"。其实不然。虽然战争年代炸弹自天而降，日夜狂轰滥炸，熊熊烈焰焚城，工厂停工倒闭，居民流离失所，伯明翰遭遇了极大破坏。但是，天空乌云密布，不可能遮住全部的阳光；炸弹如雨倾泻，也不可能让城市全部变成焦土。加上后来重建中对一些重要建筑的修复和重建，很大程度上保留了城市的原来容貌。因此还是能够感受到英国工业时代昔日的辉煌。

在伯明翰游历运河会有一种特殊的感觉，能够依稀看到昔日工业革命的影子。运河宽约数米，但有60公里长。运河修建于英国工业革命时期，当时是运输原料和货物的重要水道。行走在运河边上，有些地方竟然还能够见到维多利亚时代的老厂房。如今运河已经废弃不用，河道疏于浚通维护，水流不畅，不见船行，只能看到河岸边长着高高的芦苇，一群野鸭在水面上列队凫水，给运河增加

◉ 伯明翰市政厅

了一些生气。但是我能够想象到，在工业时代这是一条繁忙的水道，小船穿梭，忙碌运货。大约当时瓦特发明的新式蒸汽机刚被安装在轮船上，小火轮烟囱中骄傲地冒着黑烟，货轮快速前进，将其他船只远远甩在身后。如今的运河区经过改造更新，许多地段变成了旅游景点，酒吧、咖啡馆和夜总会布满河岸。入夜，灯火辉煌，人头攒涌，灯红酒绿，十分浪漫。1995年布林特利运河区成为英国第一个国际知名的水畔景区，与纽约、悉尼、阿姆斯特丹、波士顿的水畔景区齐名。

　　不一会儿我们来到了科学博物馆参观。科学博物馆的建筑体量很大，像是体育馆；外墙装饰由长条和方形的玻璃组合成，风格简洁。展览内容分为过去、现在、未来几个内容。"过去"讲述的就是工业革命的故事，主要分布在一层展区。展厅里摆满了各种大型的机械、机器。机器无语，展示工业革命的辉煌历史；实物有信，证明人类文明实现了巨大的转型。前文说到瓦特对双向气缸蒸汽机的技术发明，就是在伯明翰完成的。

第二天我们来到市中心的维多利亚广场。广场四周有市政厅、市议会等建筑。令我感到惊异的是，有些建筑干脆直接模仿甚至复制古希腊罗马建筑风格，例如其中一个建于1834年、名叫"镇公所"的建筑酷似雅典卫城的帕特农神庙。从中可以感觉到古希腊罗马文明对英国的巨大影响。广场上有许多人物雕塑，其中有维多利亚女王雕塑和瓦特雕塑。

如今的伯明翰实现了在后工业时代的转型更新，已经变成了一个文化消费城市。伯明翰是流行音乐之城，每年举办英国最大的国际爵士乐节；伯明翰市民热爱体育活动，1990年被命名为"欧洲体育之城"。

瓦特的机遇

瓦特为什么能够成为工业英国工业革命第一人？应该说，既是历史选择了瓦特，也是瓦特抓住了机遇。

先说历史选择了瓦特。从工业发展的角度看，经过长时间的积累，当时的英国到了即将突破的关头；从人类生产方式发展角度看，许多产业已经充分得到发展，万事俱备，只欠东风。这个东风就是强大的动力。

而此时的瓦特，却面临着一场前所未有的危机。1773年3月，瓦特的合伙人破产了，这给他造成了极大的经济困难，他变卖家产用以还债。虽然难以启齿，他还是不得不说出自己的难处："我还有妻子儿女，眼看自己变得雪染双鬓，却没有任何固定的职业来供养他们。"

命运之神比较冷酷，祸不单行，瓦特的妻子去世，丢给瓦特4个儿女。一段时间里瓦特几乎崩溃，感觉在英国走投无路，决定接受一位朋友的邀请去俄国发展，这个国家正在为追赶西欧的工业化而加倍努力。

正在这个走与留的节骨眼上，瓦特遇到了一个人，成为他事业的得力合作者，也为他带来好运。这个人名叫马修·博尔顿。博尔顿是伯明翰人，他有远见，富魄力，敢投资，喜冒险，当时被称作"工厂主"，按照今天的用词应该叫"企业家"。在工业革命起步时，英国冒出一大批这类人。工厂主们身上有一些共同的特点：白手起家，敢于冒险，特别勤奋，创办了许多工业企业。当时的英语词汇中出现了一个新名词："industry"，这个词包括"工业"和"勤奋"

⊙ 伯明翰一座著名的青铜镀金雕塑。雕塑里有三位著名人物：马修·博尔顿、詹姆斯·瓦特、威廉·莫多克（另一位发明家）

两个意思。搞工业一定要勤奋，不勤奋难成新业。

企业家创业要靠技术人才，他们是善于发现技术千里马的"伯乐"。博尔顿创办了英国当时最现代化的大工厂，为发展事业求贤若渴，当他听说瓦特陷入困境而打算迁移，就热情挽留。博尔顿对市场敏感，具有卓越的商业判断力，也许是他第一个意识到瓦特的蒸汽机将改变世界，当时就连瓦特本人可能都没有意识到这一点。

为留住人才，博尔顿开出了瓦特无法拒绝的优厚条件：为他提供设备齐全的实验室和生产车间；新式蒸汽机的一半收入分给他。博尔顿甚至让出了自己的一套住房给瓦特一家居住。博尔顿的诚心和热情终于打动了瓦特，两人开始合作研制新式蒸汽机。

当他们的第一台新式蒸汽机问世时，连国王都被惊动了前来参观工厂。国王看着眼前的庞然大物，问博尔顿这是什么，博尔顿有点故弄玄虚地回答说："陛下，我正忙于制造一种君主们梦寐以求的商品。"国王还是不明白，他追问产品到底是什么？博尔顿回答说："是力量（Power）！陛下。"

英文词"Power"有力量、权力、强国等多重意思。国王喜欢权力，英国正走在强国的道路上，相信这个词给国王留下了深刻的印象；但博尔顿指的是动力，是将要为工业革命注入魔力的新动力。实际上，这将是人类生产力发展的一个转折点。从此以后，人类依靠的动力，从自己到牲畜的肌肉力，到风力、水力等自然势能力，再转变为由燃料转换的新动力。这种力量不但更强大，而且不受地点的限制，从而推动人类生产方式开始转型。

瓦特在新蒸汽机上技术研发的突破点前面已经说了，不再重复。总之，1782年，一种全新的联动式蒸汽机诞生了。据估计，英国在18世纪共生产发动机2500台，其中30%来自瓦特。人们将这种高效能蒸汽机看作是第一次工业革命的标志。瓦特因此被称为"工业革命之父"。《全球通史》作者斯塔夫里阿诺斯认为："蒸汽机的历史意义，无论怎样夸大也不为过。"蒸汽机为机器生产提供了动力，让人类进入蒸汽时代。有一位名叫乔尔·莫克尔的作家对瓦特用了更多的溢美之词。他说："简而言之，在动力技术发展史上，瓦特的地位，相当于生物学领域的巴斯德、物理学领域的牛顿，或者音乐界的贝多芬。"

恩格斯在《政治经济学批判大纲》中高度评价了科学技术对生产发展的巨大作用。他指出，仅仅瓦特的蒸汽机这样一个科学成果，在它存在的头50年中给世界带来的东西，就比世界从一开始为发展科学所付的代价还要多。（引自李惠国《〈自然辩证法〉开拓了马克思主义科学哲学新领域》，《新华文摘》，2020.16）

技术创新接力赛

早在瓦特出生前的1712年，一位来自英国小镇，名叫纽科门的五金匠就研制出了第一台蒸汽机。不过，这种蒸汽机又大又重，耗煤多、效率低，只有煤矿主才用得起它。瓦特的新式蒸汽机是在纽科门机的基础上发展起来的，瓦特成就更高是因为他站在纽科门的肩膀上。

将蒸汽机用在交通工具上是另一场艰难的攻坚战。1769年，法国的居纽建造了第一辆蒸汽汽车。蒸汽机太大，导致汽车又大又笨重，上路会将道路压坏，因此无法实用。但这毕竟是第一次尝试。蒸汽机用在火车上的前景更被看好。1804年，英国的特里维西克制造了一辆蒸汽机车，但是由于铁轨道路还没有被发明出来，他的"火车"也只能行驶在马车道上。1829年，英国工程师斯蒂芬森的"火箭"号机车行驶在铁路上，获得了商业上的成功。1802年，赛明顿建造出的第一艘实用的蒸汽机船，起名"夏洛特·邓达斯"号，在苏格兰的福思—克莱德运河完成了试航。1807年，富尔顿的蒸汽客轮在美国取得了极大成功。

之所以列举这一长串名单，只是想说明创新其实是一场接力赛，前前后后有许许多多的选手在接力赛跑，瓦特也只是跑了一棒而已。当然，瓦特跑得更快、更远，历史老人就把"新式蒸汽机发明者"的桂冠戴到了瓦特的头上，让他成为英国工业革命中的英雄。

由于解决了通用的动力，英国的工业革命这架飞机就有了起飞的力量。而最早的起飞出现在纺织业上。这是下一篇文章的故事。

纺织机编织工业强国

曼彻斯特成为纺织之城

如果截取同一个地方不同历史时段作一比较，曼彻斯特肯定是面貌变化最大的城市。它从黑乎乎的煤粉飞扬之城，变成了今天蓝天碧水的美丽城市；从工人们每天为一日三餐而奔忙，变成了如今人人追求休闲适宜生活；从劳动群众没有闲暇时间参加任何体育文化活动，到现在拥有世界著名的足球名队曼联队和曼城队。曼彻斯特从一个黄不溜秋的丑小鸭，变成了今天羽毛洁白的白天鹅。

今日的曼彻斯特是英国的第九大城市，人口约51万人。当年英国在工业化道路上迅跑时，曼城是最早的工业化城市。要想了解英国工业化的足迹，不能不来曼城看看。

按照老习惯，我们的观光安排从城市中心广场——艾伯特广场开始。广场既是城市的心脏，城市的许多政府机关、地方议会办公机构等坐落在这里；也是城市文化的展示橱窗，保存了许多维多利亚时代的文化精华。建筑内外装饰华丽，各种精美雕塑随处可见。广场上最引人注目的建筑是市政厅，这是一座哥特式的建筑，厚重威严，华丽典雅，中间的塔楼突兀而立，哥特式尖顶冲向天空。塔

⊙ 曼彻斯特的阿尔伯特广场

楼中间有一座巨大的钟，可以与伦敦威斯敏斯特的大本钟比美。

　　市政厅大楼前面有一座小巧的哥特式尖塔建筑，是专门为一座雕塑修建的住所。房屋里的雕塑是阿尔伯特亲王——维多利亚女王的丈夫。广场就是以亲王的名字而命名。广场附近有许多建筑建于维多利亚时代，如豪华如宫

⊙ 阿尔伯特亲王的雕塑

⊙   远处的比瑟姆塔是曼彻斯特城市最高的地标建筑

殿的约翰·赖兰德图书馆、高贵的惠特沃思艺术画廊等。维多利亚时代是英国最辉煌的时期，该时期的建筑高贵典雅，维多利亚时代是英国人记忆中最值得骄傲的高光时期。

　　曼彻斯特值得参观的项目很多，但给我留下最深印象的是科学与工业展览馆。展馆离阿尔伯特广场不是很远，不一会儿我们就到了展览馆，一下车就看到了展览馆门前高高的门框式广告架子，上面有"科学和工业博物馆（Museum of Science and Industry）"的标牌，顶上是一个巨大的齿轮。

　　展览馆建筑群规模巨大，据说展馆由旧厂房、仓库等改建而成。二或三层高，红砖墙体，虽然经过翻新，但仍然颇显历史沧桑。导游边走边说，对展馆作了一番介绍。展馆原址是一个老火车站，场区内的铁路修建于1830年，起点是利物浦，终点是曼彻斯特，铁路全长56公里。这条铁路是人类历史上的第一条铁路，是英

◉ 斯蒂芬森发明的"火箭号"机车

国工业革命最值得骄傲的产品。这是人类智慧的结晶,是人类文明由农业时代进入工业时代的标志物。

1830年9月15日,港口城市利物浦举办火车开通仪式,当火车徐徐开出车站、风驰电掣地行走在铁路上时。有一位名叫范尼·肯布尔的年轻漂亮女演员,作为乘客在日记中写下了自己首次乘坐火车的感觉:"它跑起来靠两个轮子,也就是脚;有若干亮晶晶的被叫做活塞的东西驱动,也就是腿。它的饲料是煤……渴了的话,水就会立刻供上。这头哼哼叫的小兽,让我有种轻轻抚爱的欲望。它拉着我们,每小时跑10英里。"我们在展览馆院子里的一个角落里看到一个摆放在铁轨上的旧式蒸汽火车头,这是由乔治·斯蒂芬森发明的"火箭号"机车,斯蒂芬森被尊为英国的"铁路之父"。火车头至今仍然能够运转,每天定时拉着参观者们在院子里跑上一小圈。只是不知道这是不是当年女演员乘坐的那列火车的火车头。

展览馆场地极宽大，展品十分丰富。博物馆以工业革命为主题，介绍曼彻斯特市的能源动力、纺织机械、交通通信、航空汽车等产业发展的历史。展览内容丰富，参观一遍就如同上了工业化内容的一堂课。展品中有最早的螺旋桨飞机，机翼有单翼的、双层的，甚至三层的，好像华夫饼干；有早期的古董汽车，其中最吸引人的是劳斯莱斯汽车，摆在展厅里的一辆车据说是厂家最早生产的汽车中的第12辆；有大小不一的蒸汽发动机，为英国工业的起飞注入了神奇的动力；有形状各异的火车机车，从蒸汽机车到内燃机车，展示出火车头的技术创新变化过程；有各式各样的纺织机，英国的工业革命就是从这些纺织机起步的。

令人印象深刻的是展厅一处角落里完整地保留着一个当时的纺织车间，摆满了各式各样的纺纱机、织布机等。现场有专门的解说员讲解150多年前纺织工厂的生产情况。他讲到令人心酸的一个细节："纺织机运转时底部会挂着很多细小的绒棉，需要不断地清理。由于机器底部空间太小，工厂雇佣一些六七岁的小孩做清理工钻到机器下面清除棉絮。童工干活时，机器不会停止运转，稍有不慎就会造成童工的死伤事故……"英国的工业革命给国家带来了强盛，给工厂主积累了大量财富，而劳工却付出

◉ 曼彻斯特的"科学与工业展览馆"，
就是英国工业革命的历史课本

⊙ 索尔福德码头，原是造船厂，如今成为曼彻斯特城市发展的一个样板

了血肉代价。

曼彻斯特在英国工业革命中的地位十分重要。两百多年前，正是在这座城市里诞生了世界上最早的近代棉纺织大工业，揭开了工业革命的序幕；而随着纺织工业的崛起，曼彻斯特成为世界第一座工业化城市。19世纪20—30年代，曼彻斯特又变成了旅游热点。好奇的人们纷纷来到这个城市，想要看看这里究竟发生了些什么事情。有人评价说："这里是地狱与未来的混合体……"

在展厅里我看到了曼彻斯特工业时期景色的一些油画和照片。当时的曼彻斯特，烟囱林立，烟囱里冒出浓浓的黑烟，让人仿佛能够闻到煤烟的刺鼻味道。画家作画时也许认为这是一幅充满了生气的美丽景色吧？连当时的中国知识分子们也很羡慕这种景色，留下了许多赞美烟囱和黑烟的诗句。当时的曼彻斯特变成了工厂区、仓库场，随处堆放着小山似的煤堆，地上撒满了煤粉灰，天空冒着黑黑的浓烟，入夜后炼铁炉顶上冒出的黄色火焰照亮了半个天空。煤炭就是美味的食物，维持着这个城市的生命线。简单一句话："没有煤，英国不可能发生工业革命。"

曼彻斯特从13世纪开始兴起，16世纪中叶发展成为一个繁荣的纺织工业城市，生产的呢绒、毡帽和粗棉布远销海外。18世纪后期的几十年里，该城拥有全国棉纺织工业产量的1/4，是全国原棉和棉纱的贸易中心。1830年建成利物浦—曼彻斯特铁路，拉近了曼彻斯特与海上运输的距离；1894年建成通航的曼彻斯特运河，更是让曼彻斯特成为仅次于伦敦和利物浦的重要港口。从此以后，曼彻斯特的纺织品更为方便、通畅地运输到了世界各城市，大大增强了英国工业革命的辐射和影响。

珍妮纺织机的佳话

前一篇文中讲了瓦特的故事，现在接着讲珍妮纺织机的故事。蒸汽机与珍妮纺织机被普遍认为是英国工业革命的两个标志物。

珍妮机的发明人是英国兰开夏郡的纺织工詹姆斯·哈格里夫斯（1721—1778）。詹姆斯43岁时的一天晚上回家，见妻子正在家中忙着纺纱干活。他不小心一脚踢翻了纺纱机，当他弯下腰准备扶起纺纱机时突然愣住了，因为他看到倒下的纺纱机还在转，机上原先横着的纱锭变成直立的了。他突发奇想：多几个竖起来的纱锭，能否用一个纺轮带动呢？他马上试验，一觉没睡，第二天造出了一轮带8个纱锭的新纺机，机器运转良好，功效提高8倍。他兴奋至极，用女儿的名字命名新纺机，珍妮纺织机就这样诞生了。经过不断改进，"珍妮机"不但效率高，纺出的纱线质量也好，让"珍妮机"销路大开，以致引起了旧式机工人们的仇恨。一天夜里，一伙工人冲进他们家，将房间里制造好的珍妮机通通捣毁，甚至放火烧房子，把他们夫妇赶出了兰开夏郡小镇。珍妮机的影响可见一斑！到1788年，英格兰大约有2万台珍妮机全力开动。

珍妮机只是英国纺织工业技术创新的例子之一。英国工业革命中，纺织业一马当先，生产效率大大提高，让英国产的纺织品占领了全世界市场。这是英国该行业中实行了系列技术发明带来的结果。

1769年，理查德·阿克莱特发明了卷轴纺纱机，以水力为动力，纺出的纱线结实又坚韧。为此，他在河边建起了可容纳数百名工人的大厂房，实现了纺织业从手工作坊到动力工厂的过渡。此后30年里，英国建起了300家这样的纺纱大工厂。

1779年，塞缪尔·克朗普顿发明了走锭精纺机。这种机器将珍妮机与水力纺纱机的优点结合起来，纺出的棉纱纤细、匀称又结实，适合制造精美的平纹细布。有人评价说，新机器结合了两种机器的优点，有点像马和驴杂交生出了更加出色的骡子，因此将这种机器称作"骡机"。20年里，英国已有600家"骡机"纺纱厂。

到1800年，英国棉纺业基本实现了机械化。就曼彻斯特而言，18世纪80年代建起了第一家棉纺织厂，到1830年棉纺织厂已达99家。

水力纺织机必须建在河边，而且受河流水量大小的影响，生产不稳定。需求是最好的创新动力，1785年瓦特的新式蒸汽机开始被大量地用于纺织行业。有了瓦特机，纺织厂可以建在任何地方，而且动力稳定，逐步取代了水力纺织机厂。到1830年，英国的纺织业实现了从水力到蒸汽动力的转变。自此英国的纺织业一骑绝尘，发展迅速。

英国工业革命为什么从纺织业开始？

工业革命最先发生在英国，并最先发生在纺织行业，表面上看是因为出现了一系列技术发明。但如果追问一句：为什么会产生那么多技术发明呢？回答是因为有巨大的市场需求。市场需求是技术

发明的最大的动力，只要有钱赚，最聪明的脑袋就会被吸引到技术
发明中来；反过来说，如果没有市场需求，人们对搞技术发明就不
会有那么大的兴趣，有了新技术也可能会被束之高阁，没有人愿意
使用。

接着要再问一句：为什么纺织品会成为市场需求最大的产品
呢？这是因为纺织品本身的几个特点。市场需求最大的几样产品，
要数食物、衣服和住房。中国人的说法是"衣食住行"，又说"开
门七件事：柴米油盐酱醋茶"。将这几样做个比较：食物虽然是第
一需求，"人是铁、饭是钢，一顿不吃饿得慌"，但是食品难以储
存，存放时间过长会坏掉的；而住房投资太大，一个家庭拥有一套
住房就不错了。纺织品则不然，人类自走向文明，身上总是要穿衣
服的，既为保暖，也为遮羞，后来还有了表示身份的功能——"人
凭衣服马靠鞍"。衣服又是可以储存的，只要经济条件允许，衣橱
里的衣服越多越好。正因为纺织品有这样的特点，所以有大量的潜
在市场需求。

有大量市场需求的纺织品，又具备大量生产的条件。种植业
生产，靠天吃饭，土地条件复杂，生产品种多、生产周期长，实现
机械化的难度太大；建筑业产品个性化要求高，工种多样，配合复
杂，要靠众多工匠们的不同手艺才能完成，实现机械化也比较难。
而纺织品不同，其生产过程在房间里，受自然因素影响比较少，劳
动相对轻便，妇女儿童也可以操作。

纺织品具有市场需求大、生产条件要求比较低、容易实现机械
化生产等几个特点，纺织业采用机械化生产效率惊人，因此英国的
工业革命从纺织业开始是有充分理由的。

但实际上英国并不是纺织业最早的故乡。欧洲早期的纺织业发
展于比利时的法兰德斯，是那里的工匠将羊毛、亚麻的纺织技术带
到了英国。在英国政府的大力支持培育下，18世纪初英国创建了欧
洲最大的纺织品市场，拥有的纺织品工业厂家数量最多。到了18世

纪中期，全球的羊毛和亚麻制品市场开始饱和。英国纺织业对市场十分敏感，及时采取应对措施，18世纪30年代从传统的毛纺向棉纺转变，40年代从手工作坊向棉纺厂转变，紧接着启动纺织业机械化大生产，于是引爆了工业革命。

这里说一个反面的例子：棉纺织业大国印度为什么没有爆发工业革命？印度是产棉大国，17—18世纪时，印度拥有世界上最好棉纺织业，也是棉纺织技术最先进的国家。英国向印度学习、复制了棉纺织技术。既然工业革命从纺织业开始起步，但工业革命没有出现在印度，而最终出现在英国，这是为什么呢？关键在于英国建立起了庞大的消费市场，而印度没有。只有当市场潜力足够大、需求足够多时，才能促进生产。只有消费市场的发展前景确定无疑，才能让投资者产生投资的愿望，工厂主才愿意采用新技术扩大生产规模。这就是英国纺织业后发而先至的原因，是工业革命发生在英国而不是印度或者其他国家的关键所在。（参考资料：《伟大的中国工业革命》，第83页—98页）

第二章

工业革命成功的制度原因

《大宪章》诞生

兰尼米德草地的谈判

在伦敦西面的郊区有一个温莎古堡。古堡附近有一块名叫兰尼米德的草地。这块草地面貌极其普通，但是在这里发生了签署《大宪章》这件大事。

为体验当年签署《大宪章》的现场感，我们专门来到了这片草地。这里景色很美：河水流淌，树木葱茏，草地茂盛。河流是泰晤士河，由西往东流。这段是河流的上游，清澈的河水在有点狭窄的河道里静静地流淌，与我们在伦敦市区里看到的泰晤士河景色大不相同。伦敦那段是河流的下游，河面宽阔，浊浪汹涌，气势磅礴，呼啸着冲向海口。

虽然在这片草地上发生过决定英国国运的一件大事，但这里却没有纪念馆之类的建筑物。只见绿茵茵的草地上摆放有12把青铜椅子，这是一个著名雕塑家的作品，起名为"陪审团"，陪审团的概念来自于《大宪章》。椅子的靠背上，刻着一些文字或者图案，是创作者心目中认为重要的一些事件或物件：古埃及终极审判的天平、南非曼德拉监狱的窗子、缅甸昂山素季被软禁的住宅、印度甘

⊙ 温莎兰尼米德静谧的草地上，发生过许多热闹的故事

地设计的纺车……我最感兴趣的是中国椅子，靠背上刻写着"礼仁义"三个字。"仁义礼智信"是中国的五常，创作者选择了其中的三个字。

不远的地方有一个白墙蓝顶的圆亭，这是1957年美国律师协会捐赠的礼物。亭内竖着一块石碑，碑面上刻写着这样一句话："TO COMMEMORATE MAGNA CARTA SYMBOL OF FREEDOM UNDER LAW"（纪念《大宪章》：法律之下自由的象征）。有了这块碑，《大宪章》签署地算是有了一个纪念标志。美国人之所以如此看重这纸文书，是因为《大宪章》对美国产生了重大影响。美国的《独立宣言》（1776年）和《权利法案》（1791年）都直接引用了《大宪章》中的一些内容。

签署《大宪章》的时间是1215年6月15日。

我坐在草地上，静静地思索，想象着那天签署大宪章时的场景：青青草地上摆放着桌椅，当时的英王约翰与25名男爵贵族代表坐下来谈判。表面上看，绿色的草地像地毯一样柔软，摆放着讲究的桌椅，像是要举行一场浪漫的野餐。实际上，现场剑拔弩张，暗藏杀机，气氛紧张，因为贵族们的军队武装在附近包围。对约翰王来说这是缔结城下之盟。

谈判进行了4天，谈出了结果，双方签署了一份文件。虽然国王对这份文件很不满意，然而他没有选择权，只好拿起鹅毛笔，蘸上墨水，在文件上签下了自己的大名。其实他当时对这份文件没当回事，感觉不过是做做样子，根本没有想着去执行。这份文件，就是后来被称作"大宪章"的重要历史文献。

《大宪章》虽然只有63款，却是奠定英国宪政制度的最重要基石，并成为对君主权力进行限制的永久见证。《大宪章》明确规定：国王在未征得贵族同意的情况下不得随意地收取贡赋；不经过同等人的合法裁决和法律的审判，国王不得逮捕和囚禁任何人，不得剥夺他们的财产，不得宣布他们不受法律保护，也不得将他们处死……《大宪章》还规定，如果国王违背诺言，贵族们有权拿起武器反对国王的统治，这种情况下全体英国人都应站在反对暴政者一方。

《大宪章》中最为精髓的两条原则，是以法律的形式肯定了臣民财产及人身安全的保障权和臣民与君主的契约关系中臣民对君主的反抗权。这两条对后来英国社会的发展产生了极大的影响，保障个人财产的做法，激发个人成为社会经济发展的动力；人民拥有反抗权，使革命具有合法性，最终为改变不合理的制度提供了条件。

《大宪章》中令我印象最深的一句话，是规定国王只是贵族"同等中的第一个"，没有更多的权力。之后英国资产阶级革命时，《大宪章》又因此被赋予新的意义，对英国及英美法系的宪法制度产生了深远影响。

◉ 静静流过温莎的泰晤士河

温莎城堡里的诺曼王朝

我在草地上溜达，打量着草地上的12把青铜椅子，回想《大宪章》签署的过程，脑海中一直有一个念头：约翰王为什么签署这份法律文书呢？国王怎么会向贵族让步，同意限制自己的王权呢？带着问题，我们进入了温莎城堡参观。

温莎城堡距伦敦近郊约40公里，位于泰晤士河南岸小山丘上，气势雄伟，景色壮观。城堡依水而建，雄踞山坡高处，居高临下，易守难攻。推想最初的设计构思不是想建宫殿，而是要建兵营。城堡规模巨大，整个儿用花岗岩建造而成，石头圆塔，石头房屋，石头城墙，就是一座石头城。石块厚重，石面粗糙，不仅表现出一种原始粗犷的美学风格，更重要的是让居住在堡垒里的王室家族感觉安全自在。

高大的圆柱体建筑，像巨型水桶一样，防守时能够做到水泄不

◎ 温莎城堡里的圆塔就是巨大坚固的堡垒

通；坚固厚重的城墙，让原始的炮火无可奈何。由此知道温莎城堡
首先是一个军事要塞，在战火纷飞的年代，需要防范随时可能打上
门来的反叛军队和造反暴民。然而，城堡四周绿色的草坪和茂密的
森林，又让城堡弥漫着清新平和的气息。到如今，行走在掩映于森
林中的古城堡里，已经丝毫感觉不到战火纷飞的紧张气氛，却仿佛
能听到岁月沧桑的叹息声。

在一处高地，有一座巨大的圆形建筑，叫作圆塔。塔顶上悬挂
着旗帜：挂君主旗表示女王在城堡里，挂国旗表示女王离去。这个
规矩与伦敦的白金汉宫一样。以圆塔为中心，城堡分为上堡区与下
堡区。上堡区为国家大厅等办公场所和女王的住屋等，有许多士兵
站岗巡逻，他们头戴夸张的黑毛大帽，大帽子遮住半张脸，看不到
眼睛；红色制服、黑色裤子、皮鞋锃亮，显得精干帅气。下堡区有
圣乔治大教堂。城堡区里的建筑庄重典雅，大门和窗户上有尖圆形

的上顶和阶梯式的套壁，这也许就是维多利亚风格吧。圣乔治大教堂是城堡里的著名地标，典雅的花岗岩墙面，面包式的圆形屋顶，尖尖的塔顶，感觉是哥特式与罗曼式建筑的巧妙结合。城堡外围有一个温莎小镇，充满了英式乡村风格的情趣，多了一些人间烟火的温馨。

参观千年古堡，令人心中感慨万分。山头上的古堡，石头坚硬，经历千年风吹雨打不见磨损；山脚下的泰晤士河，流水喧闹，讲述城堡里的奇闻轶事；刀光斧影，华丽的宫殿里不断上演勾心斗角阴谋戏剧；物是人非，王室家族像走马灯上的人物轮流登场又消失；铁血军人，摆下腥风血雨的暴力阵；风流娘们，上演啼笑皆非悲喜剧。

据说温莎城堡是当今世界上王室所居住的规模最为庞大的城堡，而且可贵的是直到现在仍然是英国王室的日常住所。昔日英王爱德华八世，以贬降为温莎公爵的代价，演出了一出"不爱江山爱美人"的喜剧；今天哈里王子与一位美国女影星的隆重婚礼，在温莎城堡举行；曾经静候王位已久的查尔斯王子，据说扬言自己能登基就将王宫从白金汉宫搬到温莎城堡并将其打造成万紫千红的花卉世界；女王伊丽莎白二世对城堡也是情有独钟，经常在这里举办宴会招待宾客。

温莎城堡最早是谁建的？是威廉一世，他是英国诺曼王朝的建立者。

威廉的祖上其实是丹麦人——剽悍的维京海盗，后来搬家搬到了法国，头衔是诺曼底公爵（诺曼底当时属于英国领土）。威廉公爵与当时的英王忏悔者爱德华有表亲关系。爱德华去世后，威廉抓住机会渡海入侵英国本土自封为王，称威廉一世。因为王冠是靠武力抢来的，被人们称作"征服者威廉"。威廉当英王21年时间（1066—1087）。他决定建温莎城堡是为了保护泰晤士河上来往舰船的安全，也让英国王室有一个安全的藏身之处。从威廉一世开

始，英国进入了千年王朝。

诺曼王朝建立百年时的1199年，蹦出来一个约翰王，就是他签署了《大宪章》。约翰王是一个喜欢穷兵黩武的国王。1202年法王腓力二世宣布没收约翰在欧洲大陆的全部领地，怒火中烧的约翰挑起了战争。

打仗是要花银子的。约翰扩军备战，任意增加税收，不光让贵族和百姓的钱包越来越瘪，而且引起了通货膨胀。这当然会让国王失去民心。1214年1月，约翰率领军队开始进攻法国，但无奈骑士们士气低落。1214年7月27日，约翰在布韦恩一战中吃了败仗，收复失地的希望成了泡影。

1215年1月6日，在伦敦召开的一次会议上，贵族们要求约翰恢复"古则有之的自由"，遭到约翰的断然拒绝。但这一次贵族们不再退让，他们开始拒绝向国王行效忠礼，带着怒火和失望回到自己的领地，决心用武力捍卫自己的权利。1215年春，贵族武装起来讨伐国王。几个月后，反叛者的武装兵临伦敦城下，军队迅速逼近国王的驻地温莎城堡。决战的时刻即将到来，而躲在城堡里的约翰众叛亲离，他的雇佣军一哄而散。迫不得已，约翰提出了休战的要求。

这时的反叛贵族们其实有两种选择：一是推翻国王，改朝换代；二是同意谈判，达成妥协。贵族们选择了后者。

于是，1215年6月15日，在兰尼米德草地上，双方签署了《大宪章》。

后来发生的事情说明，约翰签署《大宪章》只是赢得时间的权宜之计。很快，得到了教皇的支持的约翰王宣布《大宪章》非法。内战爆发了。言而无信的国王走向众叛亲离的穷途末路，得不到民众的支持。一年后，造反的贵族军队攻入伦敦城。1216年10月18日，约翰王病逝。

《大宪章》决定了英国的国运

后来的英王，虽然对文书的条款不断地进行修改，但总的来说《大宪章》被继承下来了。1225年，《大宪章》最终版本确定了，从此以后，各君主只是相继对1225年的《大宪章》表示承认，再无更改。君主与贵族之间有了一份确定的契约，统治者受制于法律。

《大宪章》提供了一种用和平谈判、相互妥协的方式解决政治争议的大智慧。更为重要的是，《大宪章》不仅仅是一个契约，《大宪章》的鉴署确立了这样的一个原则：英国国王的权力并非至高无上，他只能在法律的限制之下行使权力，即"王在法下"，国王的权力不能超越法律。

《大宪章》签署的年代是13世纪初，当时的欧洲很多地方还处于城邦状态，君主政体刚刚开始在一些国家形成。然而，英国人却在此时早早有了一部限制君主的权力的《大宪章》，这为日后英国的崛起奠定了极为重要的政治、法律基础。

约翰王签订城下之盟心有不甘。虽然后来英王多次想废掉《大宪章》，以至于在长达几个世纪时间内，《大宪章》反复颁布了不下40次，但是在英国历史发展的几个关键时期，《大宪章》都发挥了重要作用。

《大宪章》为工业革命奠定了法律基石。其核心条款之一是国王不可剥夺任何人的财产。个人财产能够得到保障，才能激发个人的积极性而成为社会发展的动力。

牛津议会制度开新局

牛津的"狂暴会议"

在英格兰中部，伦敦与伯明翰之间有，有一个名叫牛津的小镇。这里山清水秀，人杰地灵。山是舒缓的丘陵，林木青翠，绿草如织；水是大河汹涌，浪花喧闹。泰晤士河和查韦尔河交汇于此。人杰说的是世界名校牛津大学坐落于此，文人学士、留英学子一定要到牛津来游学一番。地灵说的是早年这里发生过一些重要事件，决定了英国政治制度的形成。

牛津的历史可以追溯到公元7世纪。地名与牛群渡水有关。英国古时候以游牧经济为主，大量的牛群会定期从伦敦西行，在此地涉水过河，追逐丰美的新草场，"牛津"由此得名。10世纪末，这里开始有学者聚众讲学，老师知识渊博，学子慕名而来，学者授课讲学，众人辩论求知，牛津大学逐渐形成规模。据考证，牛津大学创办的时间是1096年。如今的牛津大学是世界顶尖的大学，与剑桥大学齐名，并称为"牛剑"；牛津大学与剑桥大学、伦敦大学学院、帝国理工学院、伦敦政治经济学院同属"G5超级精英大学"。

大学城里，学院林立。每个学院都有自己不同凡响的特色，教

◉ 牛津大学城里的莫德林学院

学上教授卓越成一家之言，校园里流传着许多动人的故事。牛津大学博物馆里文物精品琳琅满目；莫德林学院城堡典雅、城际线异常优美，被人们称为"凝固的音乐"；基督教堂学院久负盛名，其晚宴厅极贵气而华丽，《哈利·波特》电影中小哈利淘气的场面就取景于此。

　　为了纪念在英法百年战争中英勇战斗而献出生命的牛津师生，建立万灵学院，纪念"牛津所有逝去之忠魂"；谢尔登尼安剧院是牛津大学举办学位典礼的场地，身披黑袍、头戴方帽的学子们"寒窗数年"，在此地获得学位荣誉。有趣的是赫特福德学院里有一个仿建威尼斯的"叹息桥"：威尼斯的叹息桥上临刑犯人为留恋生命而叹息；而该学院的叹息桥上站着那些过不了严格考试关、无法毕业的学生，望着身着黑袍参加毕业典礼的同学们而叹息。

　　牛津大学是一个精英的熔炼炉。诺贝尔奖获得者多达69位；为8个国家培育出12位国王（包括6位英国国王）；培育出19个国家的53

◉ 牛津大学城里的莫顿学院

位总统和首相（包括25位英国首相）；出了宗教界86位大主教、18位红衣主教和12位圣徒。

我们来牛津，除了参观大学，更因为被英国历史上发生过的一件重要事件而吸引。上一章里，我们讲到了金雀花王朝的约翰王在兰尼米德草地上签署了《大宪章》。约翰王去世后，大臣们扶持其9岁的儿子为国王，世称亨利三世。亨利三世长大亲政后，无视《大宪章》，肆意征税，再次激化了与贵族的矛盾。

1258年，为维护英国王室在意大利西西里岛的利益，亨利三世决定远征意大利。远征需要筹措巨额的军饷，亨利三世决定向全国征收远征税。这一决定受到了贵族的反抗，他们带着军队围住王室问罪国王。亨利三世一看大事不好，只能屈服了。

这一年在牛津小镇召开了一次有国内大臣和贵族们共同参加的联合会议，史称"狂暴会议"。会议中，国王的妹夫西蒙·孟福尔男爵带领7名全副武装的男爵闯入宫廷，上演了一出逼宫闹剧，迫使亨利三世签署了一份比《大宪章》更严苛限制王权的文件——《牛津条例》。如果说《大宪章》开启了限制王权的进程，那么《牛津条例》则是划分英国王权制与议会制的分水岭。《牛津条例》明确政府主要大臣对议会而不是对国王负责，这相当于公开宣告议会是国家的最高决策和立法机构，从此王权降到了议会之下。

亨利三世很快出尔反尔。1262年，亨利三世在罗马教皇的支持下宣布《牛津条例》无效，贵族决定诉诸武力。1264年，西蒙·孟福尔男爵率领军队讨伐国王。有意思的是，西蒙是亨利三世的妹夫，为了追求自由，他不惜与大舅哥反目。决战的结果是西蒙的军队获胜。亨利三世和其长子爱德华被俘并被监禁起来。

开始在伦敦定期召开议会

1265年，西蒙·孟福尔在伦敦威斯敏斯特宫召开新型议会，史称"西蒙议会"。西蒙在会上宣称将严格遵守《大宪章》和《牛津条例》治国。史学家认为，此次会议标志着英国议会政治制度的开端。

这次议会除了原有贵族、主教、修道院院长所组成的枢密院外，还从每个郡召集两名骑士、每个市镇选出两名公民，作为新的人民代表，这也是下议院的肇始。西蒙议会代表十分广泛，甚至连牛津大学也有学生代表参加。中下阶层的平民参与国事，引起了高等贵族的强烈不满。贵族决定将关押的亨利三世的儿子爱德华释放出来，并为他成立了一支军队。1265年8月，西蒙率领的议会军与爱德华率领的贵族保皇军决战，西蒙战死，爱德华的军队获胜。虽然《牛津条例》被废除，王权在英格兰全面恢复，但议会制度已经深入人心。

1272年，亨利三世去世，其子爱德华继位，史称爱德华一世。爱德华一世阅历丰富、视野开阔，算得上是一位明君。他对议会态度开明，赞赏议会机制，认为议会能够帮助国王很好地管理国家。

◎ 牛津大学博德利图书馆已有500多年历史，
　是欧洲最古老的图书馆之一

在他主政英格兰的35年间，一共召开了46次议会。其中具有历史意义的要数1295年召开的一次正式会议。这次会议吸收平民参加，因此被称为"模范国会"，目的是为筹措征服苏格兰和威尔士的军费。从此以后，议会的会场固定在了威斯敏斯特宫。

到了1343年，议会被分为上下两个议院，其中上议院又称贵族院，由贵族和教士组成；下议院又称平民院，由市民和骑士组成。议会制度不断得到完善。

在英国资产阶级革命中，议会成为资产阶级同斯图亚特王朝斗争的政治中心。英国资产阶级革命推翻了查理一世，英国成为没有国王、不设上议院的共和国。1660年，斯图亚特王朝复辟。1688年的"光荣革命"推翻复辟的斯图亚特王朝，迎立信奉新教的荷兰执政者威廉和玛丽同时登位，即威廉三世和玛丽二世，1689年召开议会，通过《权利法案》，1701年又通过《王位继承法》，从法律上确认"议会主权"原则，再次限制王权。从此以后，国王个人说了算的君主制，被受宪法约束的君主立宪制所取代。英国议会制君主立宪政体终于确立了。

议会处死了国王

英国历史上，王权与议会为政权而斗争得最严重的事件恐怕要算1642年爆发于国王与议会之间的内战，斗争的结果是议会获胜，国王被处死。

1625年，时任英格兰和苏格兰国王的查理一世完全无视议会的决议，只按自己意愿行事。1628年，忍无可忍的议会敦促国王签订一份声明议会权利的文件，称作"权利请愿书"，呼吁国王改过自新、限制王权。查理一世表面上批准了请愿书，但实际上仍然我行我素，在长达11年时间里阻止议会开会。

当时由于国王领导不妥，引起了苏格兰与英格兰的内战，苏格兰军进攻英格兰。1640年4月，为了平息战乱，查理一世不得不重启议会，讨论通过征税法案，以便筹集军费。但议会没有通过这项征税法案。查理一怒之下解散议会，由于此届议会只存在一个月，史称"短期议会"。11月，缺钱的查理一世不得不再次召集议会。议会借此机会向查理一世提出了一系列限制王权的条款，并通过了历数查理罪行的《大抗议书》。查理一世看到《大抗议书》后暴跳如雷，不但将其撕毁，还将议会中的反对派列为叛乱分子，甚至亲自带兵登门抓人。1642年，他离开伦敦，宣布讨伐议会，挑起了内战。

查理的军队进攻伦敦，议会军接连失利。这时议会军中一位杰出的指挥官脱颖而出，他就是奥利弗·克伦威尔，他率领的军队由农民和手工业者组成，士气高涨，英勇善战。1644年，在约克郡一个名叫马斯顿荒原的地方，国王军与议会军展开大决战，议会军最终大获全胜。1646年6月，议会军占领了国王军的大本营牛津，抓获了逃跑的查理一世。1649年1月30日，根据英格兰议会通过的决议处死了国王查理一世。

国王被处死是英国政权史上的一个标志性事件，说明在王权制和议会制问题上，民众的人心向背不同以往，两者力量对比此消彼涨。从此以后，英国建立了以议会作为最高权力机关和立法机关的君主立宪制，直到如今。

威斯敏斯特宫轶事

宫殿变迁

伦敦城里最有气派的建筑，当属威斯敏斯特宫，即英国的议会大厦。与许多国家皇宫是最气派的建筑不一样，英国的议会大厦才是最雄伟气派的建筑，考虑到英国是君主立宪制国家、权力掌握在议会手里，因此议会大厦最为雄壮是很自然的事情。

威斯敏斯特宫的气势与濒临大河有关。泰晤士河激流汹涌，水气茫茫，一泻千里。该宫殿坐落在河边，波涛翻滚的河流为宫殿增加了灵气和动感，宫殿好像是一艘巨轮破浪前进。泰晤士河穿透了英国的历史（丘吉尔语），因此也让威斯敏斯特宫进入了历史的隧道，在弥漫的历史迷雾中摸索，在风雨飘打的沧桑中行走。

威斯敏斯特宫确实是一座优美的建筑。最早的建筑毁于1834年的一场大火中，重建翻新用了12年时间。当时应是哥特式建筑流行的时代，因为它拥有典型的哥特式建筑风格：笔直的线条、精巧的结构、精致的墙面、优雅的尖拱窗、优美的飞檐、繁复的浮雕。建筑顶部竖立着大量的小塔楼，让建筑既高贵又典雅。夜幕下的议会大厦更显其美丽，众多塔楼和塔尖在探照灯的照射下像王冠的锐角

⊙ 雄伟的威斯敏斯特宫坐落在泰晤士河边，
  这里是国家议会大厦，有著名的大本钟

一样闪闪发光。

令人印象最深的是高耸直立的两座大型塔楼。西南角的塔楼高达98.5米，建于维多利亚时期，故得名"维多利亚塔"，塔内是国会档案馆。东北角是著名的钟塔，高96.3米，塔上的大本钟重达13.8吨。钟塔于2012年6月更名为"伊丽莎白塔"，是对女王伊丽莎白二世的褒奖。中部有一座高91.4米的八角形塔楼，下面是富丽堂皇的中央厅。宫殿无处不显示出国力的强大、帝王的威严和贵族的高贵气质。

这是一座规模极其巨大的宫殿，有1100个独立房间、100个楼梯、11个内院、4.8公里长的走廊。如果所有的房间都转一转，恐怕一天都走不完。大厦里面最重要的房间当然是议会厅。议会厅分为上议院厅和下议院厅，上议院厅位于大厦的南侧，是一个300多平方米的大厅，装修极其豪华，以显示贵族身份的高贵；下议院厅位于大厦的北端，面积略小于上议院厅，也有近300平方米，装修简朴了很多，倒也符合市民代表的身份。

威斯敏斯特宫的地址最早是王宫的地址。相传克努特王在这里建起了自己的王宫。后来忏悔者爱德华在这里建起了宫殿，再由征服者威廉一世进行了扩建。1512年，宫殿因火灾被严重破坏，王室迁居他处。圣斯蒂芬斯教堂于1547年开始用作下议院会址，上议院在宫中另有一个房间开会。1834年的一场大火，烧毁了宫殿的绝大部分建筑（除了威斯敏斯特大厅与圣斯蒂芬斯教堂外）。今日所见的议会大厦为哥特式复兴时期的建筑，按照查尔斯·巴里爵士及普金的设计方案，于1840年动工、1867年完工。二次大战时期下议院厅在德国空军空袭中焚毁，1950年重建并启用。（资料来源：《简明不列颠百科全书》，9卷，第85页）

宫中规矩

威斯敏斯特宫有很多规矩，有些是王室的规矩，有些是议会的规矩。规矩延续了几百上千年，但至今严格执行，一丝不苟，不容走样。

先说王室的规矩。每逢国会开会前，通常要举行传统的国王驾到仪式。这一天国王夫妇将乘坐一辆金色的豪华马车，驾车的马夫衣着光鲜、趾高气扬，毕恭毕敬地迎接国王进宫。御座宝车由八匹乳白色纯种马牵拉，高大健壮的骏马引进于北欧的芬兰，这一规矩是从17世纪时立下的。

出席议会的国王盛装打扮，走过王宫长长的走廊，进入举办盛典的大厅。宫殿里有一些房间和场地是国王专用的，只有在这一天才会开放供使用。只见盛典大厅的中心位置摆放着国王的宝座，座位上铺着大红色天鹅绒，上方有精美的华盖。国王就座，神闲气定发表御前宣言，为即将召开的议会定下调子；还要在此接见大臣，商谈国事。

虽然君主立宪制里的国王只是个虚君，实权掌握在议会手里；但是，国王头衔众多，责任不小。以伊丽莎白二世为例，她的头衔是"大不列颠及北爱尔兰联合王国以及其他领土和属地的女王、英联邦元首、信仰的保护者伊丽莎白二世"。因此分管的事务其实不少，特别是代表国家与国外的君王、政府首脑打交道的诸多事务，别人帮不上忙。一定要通过严格的规矩，将国王万民之首的高贵和国家代表的威严显示得明明白白。

再说议会的规矩，也不算少。例如"黑杖之礼"。这项礼仪自制定几百年以来还在执行。如果运气好，游客们在参观下议院时能够看到礼仪的表演。

奉女王之命的一位礼仪官，手执一柄代表女王授权的黑杖，前往下议院通知议员们参会。只见黑杖礼仪官迈着夸张的正步向前走去，当他走到下议院的大门口时，守卫的士兵会突然将门关闭，厚重的门板差点就碰到了他高高的鹰钩鼻。礼仪官却不恼不火，他举起手中的黑杖，在门板上清脆地敲击了三下。这时大门上的一扇小窗打开了，窗后露出一双警惕的眼睛，仔细地观察黑杖礼仪官的表情是否自然；接着更加仔细地观察礼仪官身后的情况，看看是否埋伏有武装卫队？经反复确认没有危险后，才会打开议会的大门。虽然大门打开，但是黑杖礼仪官仍然不得贸然进去，他只能站在一条白线后面，扯开嗓子大声传达国王的命令，请求下议院的议员前往议事厅开会。

这条规矩的制定是因为一场武装冲突事件。1642年，查理一世与议会闹翻后，停止召开议会。但为了筹措军队的军费又不得不再次召开议会。议员们抓住机会，通过了《大抗议书》，书中历数查理一世的罪行。国王看到《大抗议书》之后暴跳如雷，不但将其撕毁，还将议会中的反对派列为叛逆分子，亲自带兵到议会去抓人。

那一次也是先由黑杖礼仪官奉国王之命前去通知开会。议员打

◉ 威斯敏斯特教堂位于威斯敏斯特宫西面，
也是一座雄伟的建筑

开大门后，不料从礼仪官的身后闪出众多国王的武装卫队，官兵们冲进议会去抓人。那次国王逮捕了5名议员，造成了王室与议会间最严重的冲突危机。后来双方通过兵戎相见才确定了胜负。议会取得胜利后，不仅砍掉了国王的脑袋，还立法禁止国王进入下议院。此后的三百多年里，国王和他的使者再也没有踏进下议院一步。由此可见，议会的规矩既是为了保护议员的人身安全，也显示出维护法治的坚定决心。

议会样板

经过一次次的争斗，英国国王与议会之间的天平最终偏向了议会一方，英国由此走上了一条君主立宪、议会掌权的道路。由于创立出一个议会制的新制度，英国由此被誉为"议会之母"。

后来英国的议会制度被许多国家引进和仿效，成为世界政治制度中的一种类型。确立议会制，是人类制度文明发展史上一次了不起的创新之举。

议会制是民主政治制度中的类型之一，一般认为，人类社会里最早采用民主制度的当属希腊雅典人。如果将雅典的民主制与英国的议会民主制做一番比较，能够帮助我们更清楚地看到英国人的创新之处。两者的不同特点如下：

一是规模不同。雅典的民主制度实行的范围是城邦。希腊城邦里的居民不算多，大约几千人到二万人左右。雅典算是希腊境内最大的城邦，居民也只有数万人。由于居民少，人与人之间经常见面，多数人都互相认识。因此有条件实行一种直接的民主；英国是一个国家，范围要大得多，只能采取间接民主的形式，实行一种代议制民主制度。

二是主体不同。希腊是建立在奴隶制基础上的城邦，只有城邦里的自由民能够享受民主制度，奴隶排除在外。英国的民主制度则由全体公民享受，公民的范围随着历史的发展而不断拓展。

三是雅典没有国王只有奴隶主，实行的是贵族民主制；而英国是有国王的，英国人妥善处理了王权与议会的关系，没有推翻王权，而是双方都各让一步，采用君主立宪制度。当然有时候矛盾会激化，英国人也会推翻国王，甚至处死国王（例如查理一世）。

英国的议会制vs古代中国的君主集权制

古代中国与英国在国家政体上走的是不同的道路。

先说英国。

英格兰南部小镇索尔兹伯里是一座历史悠久的古城，因神秘的史前遗迹——巨石阵坐落在这里而闻名全世界。这个小镇上曾经发生过一个大事件。1086年8月1日，征服者威廉把英格兰所有的封建主召集到这个小镇，举行了一次宣誓效忠大会，强迫所有的与会贵族直接向他行臣服礼宣誓效忠。这件事史称"索尔兹伯里盟誓"。

这一事件是英国从贵族制走向王权制的开端，值得注意的是英国王权与贵族之间的统治关系一开始是通过契约建立起来的，这既不同于传说中的古代中国新旧君主间的"推选禅让制"，也不同于世界上通行的啥都不说"武力打天下"的革命或者暴力形式。英国的王权一开始建立在契约关系上，后来打算限制王权、签署《大宪章》等，也都是顺着契约的路子往前走。

通过契约建立了王权，通过契约限制王权，成功于斯败于斯。最终英国走上了君主立宪、议会掌权的道路。这是一个国家政治制度的创新举措，是英国对人类制度文明发展的重大贡献。

再说古代中国。

自秦始皇统一六国，建立秦朝以来，古代中国实行的主要是封建君主集权制度。中国春秋战国时期诸侯林立，与两千年后的英国贵族各霸一方有几分相似。当时周天子成为摆设，诸侯国之间纵横捭阖、逐鹿中原，个个都想当皇帝。最后秦灭六国，一统天下。

没有了诸侯国的牵制，皇权有没有约束呢？有。古代中国有一个"士"的阶层，也就是文人集团，从中选拔精英，任命为官员掌管各级政府权力，形成为一个"相权"的概念，对皇权有一定的约束力。但这股力量只是政权内部的一种约束力量，与英国独立的贵族对王权的制衡完全不可同日而语。中国的士子文人集团，既辅助皇帝掌握政权，也垄断了文化，主导了舆论，因此能够对皇权有一定程度上的限制和约束。但是这种力量毕竟是附着在皇权上、处于政权体制内的。靠皇家吃饭，不可能不听皇家的。因此，多数中国皇帝对士子文人完全不当回事儿，需要时用一下，为朕办事、帮朕分忧；高兴了，对忠臣干将可以说几句好话表扬表扬，甚至给予大批赏赐；但是更多的时候，视如无人、弃如敝履，这样的士子文人集团当然就越来越失去了制约王权的力量。

两种制度，不同效果

古代中国与英国的不同政治制度，造成了对生产力发展或好或坏的不同结果。实行议会制的英国，社会管理合理有弹性，市民自由发展，人们的积极性得到充分发挥，结果资本主义发展顺利，最终出现了工业革命。

古代中国则不同。早在宋代时，中国已经出现了一些生产分工专业、技术提高很快、市场十分繁荣、商品经济发达、民间开始富裕的城镇。这种情况有点像文艺复兴时期意大利一些城镇的发展，而且在时间上中国还要早一些。这种势头如果发展下去，中国的封建社会转型进入资本主义社会是完全有可能的。

但是，两者情况还是不相同，最大的不同点在于：意大利的城镇是独立的，市民是自由的，对社会事务可以自己说了算；而古代中国不同，城镇经济再繁荣也属于中央皇权下的一个点，命运掌握在皇帝手里，让发展你可以发展，不让发展社会经济即刻会萎缩，甚至消失。到了工业革命时期的明清朝代，中国的皇帝更加集权、专制，于是民营企业完全失去了自由发展的空间。

对比中英两国走过的不同发展路子可以看出，国家的政治制度是工业革命能否出现的根本条件之一。英国的王权被制度束缚住了，无法压制民间力量，所以民间力量发展得比较好，让英国走向了工业化。而中国历代王朝对民间压制严重，社会力量难以按照自己的逻辑发展，因此很难实现社会的转型，手工业没有实现工业化的条件，农业经济就失去了转变成为工业经济的可能性。这就是古代中国经济虽然一直繁荣，但是始终没有实现生产方式转化的重要原因之一。

当从民间开始、自下而上实现工业化没有可能时，其实另外还有一条路子可走，就是由官家主导，自上而下实现工业化。但是古代中国这一条路子也没有走通。由于闭关锁国、耳目闭塞，朝廷不思进取、浑浑噩噩，中国的皇帝、大臣、官员们，不大了解世界发展的潮流，搞不清楚在欧亚大陆的西端究竟发生了什么事。甚至到了清朝，知道英国在地球什么位置的人不算多。因此，在人类历史发展最关键的时刻，古代中国与工业革命失之交臂。

后来当工业化后的英国军队乘坚船而来、操利炮打上门来，才让中国的皇帝见识了工业化的厉害。中国遇到了数千年未有之大变局（李鸿章语），皇权受到严重威胁，这才让皇帝猛然惊醒。中国皇帝也开始考虑如何改变被动局面的对策，萌生出向西方学习工业化经验的想法。这方面光绪皇帝实际上是很激进的，他在短时间里签发了许多要求改革的圣旨，这就是中国历史上的"百日维新"。如果光绪能够真正做主，实行改革也不是完全没有希望。但是慈禧太后一个反扑，光绪就彻底失败，"六君子"血溅菜市口也赔上了性命。

当中国的皇权没有办法主导改革，让古代中国走上工业化的道路，反而出现了亡国的危机；于是中国最后一道约束皇权、保国不灭的力量出现了，这就是民众的力量。孟子说过："民为重，社稷次之，君为轻"，表现出一种可贵的民本思想。但是皇帝不但不要听、不接受，而且对孟子恨得要死。明朝皇帝朱元璋就把孟子这句话从官定四书文本上删除了。再早时期的唐朝唐太宗李世民则接受大臣魏徵的劝说，说出了"君，舟也；人，水也。水能载舟亦能覆舟"这样的明白话，所以唐朝就成为当时世界上最强盛的国家。

民众力量虽然深厚无比，但没有受教育的民众愚昧无知，没有组织的民众散沙一盘。在平时的日子里，民众没有说话的权利。但是一旦到了国家最危险的时刻，民众就会揭竿而起、决定国运。民众一旦奋起，就是革命，就是造反。结果王朝灭亡、改朝换代，社会生产力也会遭到大破坏。

中国近代历史上，能够将民众组织起来、改变中国的命运，要感谢西方的理论家马克思、恩格斯。中国共产党人自觉接受了马克思主义，把马克思主义理论与中国革命实践相结合，将民众动员组织起来，让隐藏在中国社会底层最深厚、最强大的力量迸发出来。这是决定中国国运最后的决定性力量。结果，"三座大山"被推翻，中国人民站起来当家作主，从而扫清了前进道路上的障碍，打通了中国奔向工业化的道路。

第三章

工业革命成功的科技原因

牛顿的苹果

美丽的剑桥

剑桥位于伦敦北面的平原上，离伦敦约96公里。剑桥的美在于河流。秀美的剑河（River Cam）从西向东流经市区最后注入大乌斯河。河流弯弯绕过城市，好像在大地上画出了一条优美的弧线。河边杨柳成荫，柳丝飘荡像美人的长发；绿草丰美如丝绒铺地，学子们三三两两坐在河边读书、谈情。水流清澈，看得见水底下油绿的水草；河水缓流，陪着时光的脚步流向远方。

由于有河流，河面上架起了许多桥梁，这就是"剑桥"名字的来历——Cambridge。这是一个意译加音译的词，bridge，是桥梁，cam，广东话读作"剑"，普通话读作"康"。所以"剑桥"也被称为"康桥"。中国人喜欢剑桥，多半因为徐志摩写的《再别康桥》中优美的诗句："悄悄的我走了，正如我悄悄的来；我挥一挥衣袖，不带走一片云彩。"

牛津与剑桥其实是亲兄弟。剑桥来自牛津。当年有一群调皮捣蛋不听话的老师和学生，忍受不了牛津的严格校规，离校出走来到了剑桥这个风景优美的地方，生下根，长成大树，又一座世界著名

◉　剑桥大学著名的数学桥

大学诞生了。牛津是"大学中有城市"，城市因大学而兴，街区散落在大学各处；剑桥是"城市中有大学"，大学没有完整的校园，教学楼散落于城中各个角落。

两座大学学科上各有所长，特点不同。有人说，"艺术的牛津，科学的剑桥"，牛津大学以文科著称；剑桥大学更擅长理工科。这种情况有点像北京大学与清华大学的区别。剑桥建校于1209年（比1096年建校的牛津晚一百多年），在800多年时间里，培育出120多位诺贝尔奖获得者，由此被称为"自然科学的摇篮"。

剑桥培养出来的大师级人物有牛顿（下面一节专门讲述他的故事）、进化论理论的奠基人达尔文、原子弹曼哈顿计划的领导人奥本海默、宇宙学家霍金等，中国学者中最出名的是数学家华罗庚。

◉　剑桥大学的三一学院是大学城里最大的学院

三一学院里的牛顿苹果树

名人一般都有些经典轶事。经典的轶事多为小故事，也是名人重要的文化符号，不管他们的思想有多复杂，这些轶事都会让抽象的思想变得容易理解。例如，说起瓦特和蒸汽机，人们会想起开水蒸汽冲开壶盖的轶事；说到牛顿，一般会从苹果树讲起。

剑桥大学的三一学院（Trinity College）可以看到牛顿的苹果树。三一学院的大门颇为雄伟，说是大门，实际上就是一栋楼房。大楼有4根棱状的巨柱，好像是万吨水压机。建筑墙壁的石块砖瓦历尽风吹雨打、色块斑驳深重，感觉饱经沧桑。大门口上方有一个武士模样的雕塑，导游说雕塑人物是英王亨利八世，就是他于1546年下令建成了三一学院。如今的三一学院是剑桥大学中规模最大、财力最雄厚、名声最响亮的学院之一，拥有约600名大学生、300名研

⊙　三一学院气派的大门

⊙　牛顿苹果树

究生和180名教授。

　　站在大门口，导游讲起了关于雕塑的有趣故事："你们看国王左手托着一个顶上带有十字架的金色圆球，金球象征着王位；再看他右手举着的是什么？是一根椅子腿……"怎么回事？大家的好奇心被逗起来了。导游接着说："本来右手举的是一根金色节杖。但是雕像竣工不久，不知是哪个学生夜晚偷偷爬上去，把节杖换成了椅子腿。奇怪的是，学校没有管这件事。不知道是校方不喜欢象征王权的节杖呢？还是认为恶作剧会让这座雕塑更有名？如果是后者，那目的就达到了。"我们哈哈一笑。几百年里，国王忠实地为学院站岗，把守着大门。

　　在导游的带领下，我们直奔牛顿苹果树。在古老的建筑一角，有一片精心修剪的草坪，青青的草地上有一棵苹果树。树不算高大，修剪优美。导游介绍说，这就是牛顿的苹果树。但我们都知道这根本就不是牛顿那棵苹果树，因为牛顿的苹果树在他的家乡——英格兰林肯郡的伍尔索普庄园里。苹果树没有长腿，怎么就跑到剑桥来了呢？导游解释说："校方人员坚持说，这棵树是用牛顿家乡那棵苹果树的枝条嫁接出来的。这棵树有那棵树的血统，应该也算是牛顿苹果树……"听到这样近乎狡辩的解释，大家又笑了。

我们不可能再到牛顿家乡去看那棵苹果树了，因此我们也愿意把眼前的这棵树当成是苹果跌落在牛顿头上的那棵树。看着大家忙着在苹果树前留影纪念，我回想着那个著名的故事。那一天，牛顿正坐在树下休息，突然有一个成熟的苹果离枝落下砸到牛顿的头上。这让他开始琢磨：苹果脱枝为什么不飞向天空？就算往下掉为什么不斜着落下，而一定要直直地掉下来？这样一直想下去，他就发现了地球有吸引力，发现了万有引力定律，从而建立起自己的物理学理论框架，成为经典物理学大师。

我在《西方现代化脚印·意大利》一书中写道，西方近代科学的诞生是从意大利比萨的伽利略开始的，但是牛顿的成就更高，他是经典物理学的集大成者。有历史学家将牛顿与哥白尼、开普勒和伽利略并列，认为他们同属最伟大的科学家阵营。数学家莱布尼茨评价说："从世界的开始直到牛顿生活的时代为止，对数学发展的贡献绝大部分是牛顿做出的。"《大人物的世界史》一书的作者西蒙·蒙蒂菲奥里评价说："牛顿改变了科学家看待与解释自然世界的方法……如果没有牛顿，世人对世界的理解将会完全不同。"

在三一学院，数学教授艾萨克·巴罗注意到了牛顿，悉心培养这位天分很高的年轻人。在牛顿获得学位后，巴罗先生辞去教授职位，推荐由牛顿接替。后来出现了鼠疫疫情，剑桥大学停课，牛顿回到家乡伍尔索普工作了18个月。学术界评论：这是牛顿"创造性思想的全部历史中最有成果的18个月"。牛顿的许多天才发现都萌芽在这18个月里，其中包括苹果跌落在他的头上这件轶事。

在剑桥大学当教授的牛顿是一个工作狂。他从来不参加任何娱乐活动，经常工作到凌晨，忘记吃饭是常事。牛顿的事迹也证明了后来的爱迪生那句"天才就是99%的汗水加1%的灵感"的确是真理；当然据说爱迪生的话还有后半句："但没有这1%的灵感，那99%的汗水也是徒劳。"牛顿确实是少有的天才。

牛顿虽然在头脑里把许多问题都想透了，但是能够把想法写出来成为理论却出于偶然。1684年，天文学家埃蒙德·哈雷前往剑桥大学拜访牛顿。他提出了一个百思不得其解的难题请教牛顿："假设引力随距离的平方变化而减小，行星运行的曲线会是怎样的？"牛顿的回答只有两个字："椭圆。"哈雷追问："为什么会是这样？原因何在？"牛顿的回答仍然简单："我计算过。"哈雷感觉这些回答太不解渴了，他再三请求牛顿把自己的研究成果写出来。于是牛顿就写下了惊世之作《自然哲学的数学原理》，提交给了英国皇家学会。

就这样，这次访问成为科学史上最著名的一次访问；哈雷因为善于提问也成为名人之一。有一句话说得好："提出正确问题比找到问题答案更重要"，也许可以给这次访问做注解吧。1687年，牛顿将《自然哲学的数学原理》公开出版。书中牛顿用数学方法证明了宇宙中最基本法则——万有引力定律和三大运动定律。这四条定律构成了一个统一的体系，被认为是"人类智慧史上最伟大的一个成就"。从此以后，无论是简单的钟摆运动还是复杂的行星绕日旋转，都有了可以解释和预测的科学理论。

牛顿的三大定律：惯性定律、加速度定律、作用力与反作用力定律，可以用简洁的文字表述如下：

处于静止或匀速直线运动中的物体，在没有受到外力作用的情况下，将保持静止或匀速直线运动。

物体在受到合外力的作用时会产生加速度，加速度的大小与合外力的大小成正比，加速度的方向与合外力的方向相同。

相互作用的两个物体之间作用力与反作用力大小相等，方向相反。

科技是工业革命的动力

我们来剑桥大学追随牛顿的脚步，是为了搞清楚科技与英国工业革命的关系。科学技术既是工业革命的先导，也是工业革命最强大的动力。牛顿发表学说的时间比工业革命早了近80年，而许多历史学家认为，牛顿对工业革命的作用是无可置疑的。

哲学家休谟是与牛顿同时代的人，他有一段话生动地描述了当时的人们由于不了解自然规律而整天惶惶不可终日的心理状态：

"我们被放在这有如戏院的世界上，每个事件的起源和缘由却完全隐瞒不让我们知道，我们既没有足够的智慧预见未来，也无能防止那些使我们不断受伤害的不幸事件发生。我们被悬挂在永恒的疑惧之中……"

由于无法解释各种自然现象背后的原因，只能将一切变化的原因归于上帝的神秘力量。而在牛顿描述的世界中，处处充满着井然有序的规律和法则，万有引力是根本的动因，就连天体的运动也不例外。在引力的作用下，行星无一例外地做椭圆运动，人类可以准确地预知所有行星的位置和速度。《自然哲学的数学原理》在欧洲知识界引起了一场地震。他们认为，上帝创造了世界，而牛顿发现了上帝创造世界的方法。

正是牛顿发现的万有引力定律等科学理论，开启了"工业革命"的大门。近代科学诞生后，通过伽利略、牛顿等人确定的科学研究方法，人类可以在实验室里探索和发现事物的真相、揭示事物发展的规律，又运用科学原理研发各种技术，最后技术转化为生产力。

科学技术为工业发展提供了条件，是工业革命发生的前提。没有科学技术的发展，出现工业革命是不可能的。

教堂里的牛顿墓地

牛顿（1643—1727）是1661年进入剑桥大学三一学院的，那一年他18岁。4年后他获得了学位，一直从事科学研究工作。26岁时被授予卢卡斯数学教授席位。46岁时当选为国会议员。46岁时当选为皇家科学院成员。60岁时成为皇家学会会长，任职长达24年。1727年3月31日逝世，享年84岁。

牛顿的墓地在伦敦的威斯敏斯特大教堂。这里一向是王公贵族的墓地，牛顿成为第一个安葬于此地的科学家。

威斯敏斯特教堂（Westminster Abbey）也被译为"西敏寺"，位于威斯敏斯特宫的西面，中间相隔一条米尔班克（Millbank）马路。教堂是典型的哥特式建筑。虽说哥特式教堂的建筑外形有相同的特点，但此教堂尤其显得雄伟挺拔，高贵大气。与南北向的议会大厦不同，教堂是东西向的。两座方柱形的塔楼，让教堂显得厚重；大门正面多根直立的墙柱让教堂显得挺拔，门顶上的巨大花式圆窗、三角形的门框、繁复的尖圆形门套、色彩艳丽的玻璃窗花搭配极其精致，让教堂更显得威严。屋顶上有许多细长的尖塔直指天空，象征与上帝沟通，又增加了教堂的神秘性。

教堂对英国王室的重要性不言而喻。历代国王在此加冕，在上帝的见证下接受统治国家的大权；王室成员的青年男女在此举行婚礼，完成终身大事。教堂中间有一块空地是王家的园陵墓地，是走完人生道路的王室成员的最后归宿地。

我们来到皇室园陵，寻找到牛顿的墓地。他的坟墓位于大厅中央，是一块叫做中殿（Nave）的地方。墓地上方耸立着一座牛顿雕像，身体斜倚在一堆书籍上，头顶上有一个巨大的地球。大概是寓意他毕生钻研知识、创造理论、造福人类吧。牛顿的墓志铭写着这样一句话："让世人欢呼吧，为曾存在如此的人类真理之光而欢呼！"

当年牛顿出殡仪式盛大。成千上万的市民群众涌向街头为他送行；抬棺枢的是两个公爵、三个伯爵和上院大法官；在教堂合唱团的哀歌声中，王公贵族、政府大臣和文人学士们一一向科学巨人告别。

威斯敏斯特教堂是王室墓地，身后能安葬于此是莫大的荣耀。在千年历史中，共安葬了3300多人。除了王室成员外，只有最知名的或为国家做出过巨大贡献的人，才能有此殊荣。例

⊙　三一学院小礼拜堂里的艾萨克·牛顿雕像

如，达尔文、狄更斯、丘吉尔……而牛顿是第一位以国葬规格安葬的科学家。

参加葬礼仪式的人中包括法国大思想家伏尔泰，他对出身卑微的科学家享受到如此崇高的敬意感到震惊。他写道："我见到了一位数学家仅因为他在职业上的伟大成就，就像一位功德无量的国王那样，享受臣民为其举办的高规格葬礼。"他还评论说："走进威斯敏斯特教堂，人们所瞻仰的不是君王的陵寝，而是国家为感谢那些为国增光的最伟大人物建立的纪念碑。这便是英国人民对于才能的尊敬。"他认为牛顿是最伟大的人，因为"他用真理的力量统治我们的头脑，而不是用武力奴役我们"。

恩格斯曾经说过，文艺复兴时代是一个需要巨人并且产生了巨人的时代。这句话也可以用来评价工业革命时代，这是一个需要巨人并且产生了巨人的时代。美国学者麦克·哈特所著的《影响人类历史进程的100名人排行榜》中，牛顿名列第2位，仅次于穆罕默德。书中评价说，在牛顿诞生后的数百年里，人们的生活方式发生了翻天覆地的变化，而这些变化大都是基于牛顿的理论和发现。2003年，在英国广播公司组织的一次全球性的评选最伟大的英国人活动当中，牛顿被评为最伟大的英国人之首。

格林尼治的钟表

本初子午线花落格林尼治天文台

到伦敦选参观项目时，选择格林尼治天文台的比较多。我们2000年到伦敦时就去过天文台，后来又去过一次。

格林尼治位于伦敦东南，泰晤士河南岸。这里山峦起伏，森林茂密，草地丰美，风景秀丽，曾经是国王养鹿打猎的皇家园林至今仍保留着原始自然的模样，可以想象出当年这里小鹿轻跳、猎犬撒欢、骏马飞奔、猎手喜悦的皇家狩猎图景。

皇家天文台坐落在一处小山岗上。山岗脚下就是泰晤士河，河流穿过伦敦城区流到这里时，河面明显开阔，激流汹涌，波涛翻滚，浩浩荡荡，直奔出海口。天文台建设于1675年，1948年天文台址迁到了英格兰东南部的赫斯特蒙苏，此处地偏人静、空气干净，更有利于天文台的建设，新馆仍然沿用皇家格林尼治天文台的旧称。旧馆则辟为天文博物馆供游人参观。

天文馆大门口的外墙上镶嵌着一个巨大的钟表，从1851年以来一直显示格林尼治时间。最高处的一栋小房屋顶上有一个插在直杆上的红色圆球，每天中午12：58分红球升起，2分钟后落下。百余年

◉ 格林尼治天文台

里红球准时升降，风雨无阻，给泰晤士河上过往的轮船报时，保证过往船只准确地掌握时间，安全地航行于海上。

　　天文台里许多房间被辟为展室，展品包括早期的天文望远镜、地球仪、浑天仪等天文观测仪器，以及各式各样的航海图等。走廊上悬挂着两幅人物肖像，一个年轻，一个年老，实际上两幅画是一个人，名字叫约翰·哈里森。他制造出了当时最精确的钟表，拿到了英国政府为此设立的巨额奖金。他专门为远洋航行设计制作的钟表原件也摆放在展厅里。

　　这些钟表有什么用呢？是为了让在远洋航行的轮船，能够通过准确掌握时间而确定自己在海上的位置，不至于迷路和陷于危险之中。当年的英国作为一个航海帝国，众多轮船穿梭于浩瀚的海洋上，怎样在茫茫大海上确定自己的位置、把握正确的航向，是一个关系到航船航行安全、水手生命安全的大事情。

科学家解决这个问题的办法，是先在海面上画出经纬线。画出零度纬线是相对容易的事情，船开到赤道上，当船上的桅杆下面没有一丝黑影时，零度纬线就能够确定了。以零度纬线为界，地球可以分成北半球和南半球。但是，零度经线怎么确定呢？为这件事召开了专门的国际会议商量。1883年10月，在罗马召开的第7届国际大地测量会议上，讨论决定将通过格林尼治的经线作为本初子午线。达成这样的共识，既因为当时英国的国力最强，也因为航行在全球海洋上的英国船只最多。实力决定一切，谁的力量大说的话就管用。

哈里森制造海钟夺魁

有了经纬线，一艘轮船只要用自己所在的经线、纬线作为坐标，就能知道自己在海洋上的位置。但测量确定位置是一件很困难的事情，科学家设想了各种方法，其中最靠谱的有两个：一是天文测算法，二是时钟测算法。

天文测量法就是夜晚通过观察北极星与其他星星位置变化计算经度位置；白天看不到星星，就观测太阳与地平线的位置高度来测算航向。长期直视太阳会严重损伤视力，甚至导致失明。在电影上看到许多海盗船长是独眼龙，或许就是这个原因造成的。

◉ 2000年，笔者在格林尼治天文台留影，双腿跨过本初子午线

时钟测算方法相对简单。地球一圈360度，一天24小时，一小时走过15度经线。只要知道自己的"当地时间"和出发地的"离岸时间"，两者时间差乘以15，就能测算出航船的经度。进行这种测算的前提是要有一个精确的时钟。时间越准确，确定航船的位置就越精确。因此，制造精确的钟表就成为当时急需攻克的一个难关。

要说清楚精确时钟与航船位置的关系不容易。我的一位朋友梁二平（《深圳晚报》原副总编辑）喜欢到世界各地转悠，搜寻各种版本的海图，多年乐此不疲；他还将海图背后的故事写下来，几年下来有了《败在海上：中国古代海战图解读》等好几本专著，俨然成为研究世界海图的专家，出席各种专业演讨会。记得十几年前他在报纸上发表了一篇关于航海的文章，我读后感觉不解渴，打电话与他讨论此事。后来他又专门写文章将此问题说得很透彻。我写的前一段文字就是参考了他的文章。

工业革命时代的英国政府专门设立经度局，悬榜寻求精度很高的钟表，奖金高达2万英镑，这在当时是一笔巨额奖金（约相当于现在的200万美元）。钟表匠约翰·哈里森（1693—1776，英国约克郡人）听说这件事后，决定尝试。他以前也制作出过极精确的钟表，但只适合陆地，不适合在摇晃的轮船上使用。为此他重新研发，用4年时间制作出了适合在海上使用的钟表，定名为H1号。这座钟重75磅（34公斤），有4个表盘。哈里森把H1搬到船上做试验，结果令人满意，一昼夜走时误差只有几秒。这座钟现在收藏在格林尼治国家海洋博物馆的防弹玻璃柜里，至今仍在运转。

但哈里森申请奖金时遇到了困难，官僚气息很重的经度局以种种理由不发奖金，只是最终拨给他500英镑的研究经费，用于进一步研究工作。在近20年的时间里，哈里森足不出户，先后制造出了二代（H2）、三代（H3）和四代（H4）海钟。H4重量只有3磅（1.36公斤），谁也不知道他是怎么做到的，只听说在机芯内部用了钻石和红宝石。

H4在横渡大西洋近3个月的测
试中经受住了考验，航行中只慢
了5秒钟，误差在规定的10英里以
内。现在，H4也陈列在海洋博物
馆的展览柜中，被誉为是钟表界的
"蒙娜丽莎"。试航虽然成功了，
但哈里森却陷入与经度局长时间的
扯皮拉锯谈判中，迟迟拿不到奖
金。最终在国王乔治三世的干预
下，哈里森才拿到了全部奖金。此
时的哈里森已经80岁了，3年后这
位世界级工匠就去世了。

◉ 哈里森制作出复杂精确的航海钟表

钟表的作用

18世纪英国发生工业革命时，英国人约翰·哈里森制作出了世
界上最精确的钟表；但全世界第一台计时器表的诞生地并不是英
国，甚至不是欧洲，而是中国。

这就是由北宋天文机械制造家苏颂（1020—1101）制造的"苏
颂水钟"。李约瑟认为它是"欧洲时钟被遗忘了的源头"。苏颂钟
是一座有两层楼高的巨大机器，使用了先进的"擒纵齿轮"装置，
由大型水车驱动。这实际上是一个将演绎天象、报时等功用综合为
一体的浑天仪。苏颂水钟制造于1094年的北宋，时间上比欧洲的钟
表出现要早几百年。

先说中国人与欧洲人在时间观念上的差别。有一位名叫戴
维·兰德斯的学者在《时间革命》一书中说："不是时钟引发了人
们对计时的兴趣，而是计时的兴趣带来了时钟"。这个观点颇有启
发性。中国的钟表虽然出现得早，但"时间观念"欧洲人产生得要

⊙ 格林尼治皇家天文台附近的城市景观

更早一些。然而欧洲人的时间观念来自何处呢？一些学者认为，欧洲人最初的时间观念来自修道院。在修道院里，遵守时间是第一要求。修士要按时开始工作，按时向上帝祈祷，按时睡觉。也有一种观点认为，中国人的时间观念一直很强。比如说大臣必须按时早朝、拜见皇上；如果迟到，会影响官职提升，甚至危及生命。但持前一种观点的学者反驳说：在古代中国，时间是专属于官府的；而欧洲人的时间是属于民间的（修道院是一种民间组织）。先是修道院里的修士守时修行，这种风气影响到了社会。据统计，"1350年前后，英国每百人里就有一人在修道院"。1%的比例不算小。戴维·兰德斯的看法是："僧侣的日常生活节奏就成了最后几个世纪欧洲形成的规律作息的前奏。"因此，欧洲民间的时间观念应该更强一些。这个说法有道理。

其次，再讨论工业革命对欧洲人时间观念的影响。中国农业社会持续时间很长，其实也有重视时间的一面。中国从三皇五帝开始，朝廷的一项基本职能就是提供准确的历法，中国人生活中是非常讲究"应时而为"的，在正确的时辰做正确的事情非常重要。例如，中国农历中将节气标得很清楚："立春、雨水、惊蛰……"为此编出了二十四节气歌："春雨惊春清谷天，夏满芒夏暑相连，秋处露秋寒霜降，冬雪雪冬小大寒。"从事农业，必须按时耕种。这方面的谚语很多："人误农一时，农误人一年""一日之计在于晨""日出而作，日落而息"等等。但要指出的是，中国古人的守时多按一天或一个时辰计算，不要求更进一步精确。

而欧洲进入工业时代后，工厂对时间的管理是按分秒计算的。汽笛一响，机器开始运转；工人们吃饭、上厕所都要限时。因此欧洲人时间观念应该比中国人精确很多。一般人们将瓦特的蒸汽机看作是开启工业时代的标志，但有学者认为："论工业时代的终极标志，时钟比蒸汽机要略胜一筹。"工业时代对时间精确的要求比农业时代时高得多，这是不争的事实。动力机器的使用让生产效率提高数十倍、上百倍；而生产效率的巨大差距，又让工业国的巨型压路机残酷地将农业国的田园风光碾压得粉碎。

经过工业革命洗礼的欧洲人，时间观念要比中国人强很多。一个最明显的事例是，欧洲各大城市的教堂或者政府大楼上都能看到巨大的时钟。早在14世纪末钟表就开始风靡欧洲，钟楼成了一种骄傲。所以欧洲许多古老城市里都有众多的钟楼，也不足为奇了。

本人在欧洲旅行时，见到过许多钟楼。威斯敏斯特宫殿的大本钟洪亮的钟声，通过英国BBC广播电台的电讯，将工业革命精神传到了全世界；捷克布拉格广场上的中世纪天文钟"布拉格占星时钟"，两个巨大的表盘一个一天走一圈，一个一年才走一圈，吸引着无数的游客；德国慕尼黑玛丽莲广场市政厅大楼上的大钟定时敲响时，会有许多公仔走出来热闹地表演一番，提醒游人德国人是一个严格守时的民族。

大钟景观也出现在改革开放春风吹拂的深圳。位于深南中路

⊙ 老皇家海军学院设立在格林尼治天文台附近

的深圳华联大厦俗称"大钟楼",大楼顶端东南西北四面都有的大钟表盘。一段时间里大钟定时鸣响,洪亮的钟声传遍全市(当时的深圳市区还比较小)。"大钟楼"上大钟的鸣响声和蛇口"时间就是金钱"的口号,说明深圳是接受工业革命先进时间观念最早的城市之一,事实上深圳也创造出了最高的经济效率。40多年里,深圳的地区生产总值从1.96亿元达到了2019年的2.69万亿元,在全国城市中排名第三,跻身亚洲城市前五(东京、上海、北京、首尔、深圳);而深圳约20万元的人均地区生产总值为全国前列。

格林尼治天文台上发生的故事牵扯到两个方面,一是天文学的进步。经过大航海时代的世界,必须要画出全球的经纬线,在地球海洋面的任何一个点上都有清楚的坐标点,从而保证轮船能够安全地航行在海洋上。二是钟表制作技术的提高。钟表制作水平取决于工业制造的水平。技术更先进、工艺更精湛,才能制造出更精准的钟表。哈里森制作的钟表精确度达到了一个空前的新标准。这两件事都与英国有关，就可以知道英国当时已经拥有有利于发生工业革命的条件；或者说由于工业革命大大地增强了英国国力，让本初子午线落到了格林尼治天文台。

为什么古代中国技术先进却缺乏科学思想

四大发明证明古代中国科技很先进

在前一本书《西方现代化脚印·意大利文艺复兴》里，我写过《破解李约瑟之谜》一文，探讨了中国近代科技落后于西方的原因。现在接着继续探讨一个问题：为什么古代中国技术先进，却缺乏科学思想，也没有引起工业革命，实现由农业社会向工业社会的转型？

古代中国技术先进，这是多数中外史学家承认的，其代表就是火药、指南针、纸张和活版印刷这"四大发明"。这些发明传到西方后，对西方工业的发展产生了极大的影响，说"重塑了西方经济社会发展的面貌"绝不是夸大之词。这方面马克思说过一段精辟的话：火药把骑士阶层炸得粉碎，指南针打开了世界市场并建立了殖民地，而印刷术变成科学复兴的手段，变成对精神发展创造必要前提的最强大的杠杆。（引自马克思《机械、自然力和科学的运用》一文）

按照李约瑟的研究，古代中国不仅有四大发明，在非常多的领域里古代中国发明的技术都是当时全世界最先进的。上一篇文中讲到的"苏颂水钟"就是一例。

这样就带来一个谜："古代中国（时间从公元前1世纪到公元16世纪）在科学技术方面的发达程度远远超过同时期的欧洲，造纸术、指南针、火药和印刷术等四大发明是其代表；但为什么近代科学没有产生在中国，而是出现在17世纪文艺复兴之后的欧洲？"这就是李约瑟书中提出的"李约瑟之谜"。

中国古代技术先进，到了近代反而落后了，更没有带来工业革命，这是为什么？我在《破解李约瑟之谜》一文中探讨了技术与科学的关系。技术不等于科学，技术是"发明"，科学是"发现"。擅长实践的中国人在技术发明方面是能手，但是没有很好地掌握探索未知世界的思维方法，因此无法推进科学的发展。

而对推进社会发展的动力而言，科学思维比技术方法更重要，这一点为西方国家发展的经验所证明。只有技术方法，却缺乏科学思维，是最终导致中国近代落后的重要原因之一。"科学＋技术"才是工业革命发生的重要秘密。

中国人与欧洲人的不同思想方法

尼尔·弗格森在《文明》一书中提出了一个问题。他说："不论以何种标准论，科学革命那时完全是以欧洲大陆为中心的，占比极高的科技(大约80%)都发源于由格拉斯哥、哥本哈根、克拉科夫、那不勒斯、马赛和普利茅斯所围成的六边形区域之内，而其余比例的科技几乎全部发生于那个区域方圆100英里之内……"打开欧洲的地图看一看，这6个城市包围的六边形地区，就是欧洲的核心区域。列举的6个城市中，有4个分属丹麦、波兰、意大利和法国；格拉斯哥和普利茅斯两个城市都属英国，这也说明了科技创新与工业革命的某种联系。

近代科学的两个代表人物，是意大利比萨的伽利略和英国牛津的牛顿。在这两个人的成就上，欧洲建起了人类历史上的近代科学巍峨大厦。

我们将古代中国与近代欧洲科学思想的发展比较一番，可以看到两者之间的差别。古代中国擅长技术活儿，以解决具体问题为目的，于是众多行之有效的技术被研发总结出来，而且会收到立竿见影的效果。近代西方出现了科学思想，有很多科学先驱的新奇想法和研究成果，当时看不到有什么用处，但后来引起社会的深刻变化，让东西方实力逆转。

为什么会出现这样的差别呢？可能与文化背景有关。中国人自古以来是一个讲入世、重实践、求实际的民族；而欧洲人讲彼岸，重分析推理，擅长形而上学思维。由于中国人重实际，善于发现实际生活中的问题，并努力寻找方法解决各种难题，技术就被源源不断地发明出来；而欧洲从伽利略开始，整天琢磨宇宙的奥秘、各种自然现象背后的原因。这些研究一开始看不出有什么实际用处，但最终建立起了一套近代科学的思想方法，对人类文明的发展发挥了极其重要的作用。

单从哲学方法的角度探讨这个问题，双方的差别也很明显。欧洲人的哲学方法可以概括为形式逻辑。自古以来欧洲人一直重视逻辑学，大约从古希腊亚里士多德开始即应用"大前提、小前提、结论三段论"的方法；欧洲学者没有人不知道形式逻辑不可逾越的"同一律、矛盾律、排中律三条铁律"。同时，欧洲人喜欢分析推理，研究具体事物细而又细，这是西方科学家创造现近代科学的利器。中国人则对形式逻辑比较陌生，长处是懂得辩证思维。从中国古老的学术著作《易经》开始，建立起了"一阴一阳之谓道"的辩证逻辑观念。在中国人看来，阴阳构成了一切事物发展的根本规律，两者相辅相成，互相转换。辩证法思维的长处是帮助人们整体地把握事物的变化，有利于观察掌握全局；但是形式逻辑思维的缺乏，可能是中国后来科技衰落的思维原因之一。技术追求"有用之用"，往往只达到了"小用"的有限结果；科学常常是满足好奇心的"无用之用"，却成为推动历史前进强大动力的"大用"。这就是技术与科学之间的最大差别吧。

中国人首次拥抱科学

近代以来，中国在与西方国家接触后发现了自己思想文化方面的不足之处，提出了引进"德先生"（即民主，Democracy）和"赛先生"（即科学，Science）。说明当时的中国人已经看到了中国落后于西方的重要原因。

从此以后，中国开始向西方国家努力学习。在哲学方法上，学习掌握了形式逻辑等一套哲学方法；在科学思想上，也开始系统了解和学习从古希腊亚里士多德到近代西方国家的伽利略、牛顿等人的西方科学思想。

中国科学技术大学副研究员袁岚峰认为，对于中国人来说，科学是一个新鲜事物，是一种新的思维方式。改革开放后，中国才第一次真正拥抱科学。

"四大发明"等例子说明，中国古代技术虽然先进，但不足以在中国引发工业革命。工业革命发生有更复杂的原因，后面将继续讨论。

中国发明了火药却挨打

前文谈了古代中国的"四大发明",下文再具体讨论一下其中的火药。

中国人发明火药的确切时间不太清楚,据古代文献记载,春秋时代中国民间已有火药的前身——"硝石"。火药被记载用于军事是在唐朝,当时的军队已经用上了"飞火",就是抛石机抛掷的"火炮"、箭镞射出去的"火箭"。北宋时,政府已经建立了火药作坊,制造出能够燃烧、爆炸杀敌的"霹雳炮""震天雷"等。南宋已能制造出以巨竹为炮筒的"突火枪"。元代造出了铜制炮筒的"火铳"(俗名"铜将军")。

元代军事技术先进,蒙古人是"马背上的民族",战马就是当时的汽车和坦克车。因此,蒙古军队擅长远距离机动、长途奔袭、迅速穿插包围的作战技能,在武器装备方面又掌握了宋代使用火药、制造枪炮的技术。他们收编了大批的汉人、契丹人工匠,制造出了威力巨大的火炮、火油桶、火球,以及先进的攻城器械,将军队变成了一部可怕的战争机器,一度建立了一个世界性的帝国。

在12—13世纪,火药先传入阿拉伯国家,然后再传到欧洲和世界各地。直到14世纪中叶,英法才有应用火药和火器的记载。外国人评价说，中国人不光发明了火药，"中国人很早就有了一大堆可怕的武器"，宋代以前中国发明的武器有烟幕弹、照明弹、炸弹、手榴弹和地雷等，这些时髦的名称听起来是不是很像一战、二战才发明的武器？外国学者评论说："早在13世纪中国就出现了枪支，他们造出铸铁加农炮的时候，欧洲人还没学会生产铸铁。"

曾经先进的中国军事制造技术后来落后了，这与中国近代科学技术落后原因是一致的。就像一个人一样，如果得了大病身体整个衰弱了，但拳头打人时仍然厉害是不可能的。中国军事技术近代落后的原因大概有以下几条：

一是农耕生产方式造成不喜打仗的文化性质。

中国是一个种植业出现早、农业技术先进、占世界重要地位的农业大国。种植业春种秋收的特点，要求社会稳定安全，生产过程不能中断。因此，以种地为生的中国人热爱和平，不愿打仗。最早从春秋战国时期开始，就不断修建长城防护侵袭。从中国几千年发展的历史看，中国一直是一个少进攻、重防守的国家。长此以往，中国形成了"不喜战、求和平"的文化观念。

有些外国学者不同意"中国人热爱和平"的说法，认为"中国人不喜欢打仗是一个神话"。这种说法也没有错。中国人"不喜战"说的是非正义的侵略战争，对反侵略的正义战则从来不含糊。靠土地为生的民族当然视土地为命根子，守土有责，寸土不让，为保家卫国而不惜牺牲是中国文化中的最高原则。汉字"武"就是"以戈止战"的意思，充分显示出中国军事文化的精髓。

二是闭关锁国造成国力衰退的严重后果。

中国古代四大发明除造纸术发明于东汉外，其他三项均成熟于宋代，宋代是古代中国科技文化发展的一个高峰。但是，明朝开始实行的闭关锁国政策造成了严重的后果。闭关锁国的标志性事件有两项：在北方修建明长城和郑和下西洋后实行的海禁。

修建长城挡住了来自北方游牧民族的野蛮掠夺，保护了北方边境的安全。但北方的抢劫虽然有威胁却有限；耳目闭塞的朝廷没有看到中国真正的危险将来自东南沿海。实行海禁，终止了郑和开创的远洋航海事业，退出海上的竞争更是导致了中国造船技术和远洋航海技术的退步、失传。更糟糕的是，由于退避竞争，中国在军事技术上失去了发展的方向，导致了军事技术的衰退。

对外国军事实力的忽视，"让中国付出了沉重的代价"。18世纪的一位名叫杜赫德的法国传教士看出了中国的问题，他说："中国技术真空的形成似乎有两个主要原因：一是其社会结构，二是其闭关锁国的状态。"

三是战略防御方向的选择带来的结果。

地处欧亚大陆东端的中国，面临的外族侵略的军事威胁主要来自两个方向：一个是北方平坦的大草原；另一个是东南沿海的海洋。自古以来中国的战略防御方向，就在两者间不断摇摆。

自春秋战国以来，中原诸国就不断地在北方修筑长城以抵御游牧民族的入侵抢劫。汉武帝刘彻为从根本上解决问题，主动出兵攻击匈奴取得数战大捷，从此"匈奴远遁，漠南无王庭"。匈奴无法向南，就北徙漠北，据说还西迁横扫欧洲，一直打到了罗马帝国的边境。

陆防、海防哪个更重要？争论至晚清犹未休。彼时边疆危机严峻，清政府内部出现了"海防"与"塞防"之争。直隶总督李鸿章主张重海防，认为丢失新疆不至于大伤元气，海防出现问题则会变成心腹之患。陕甘总督左宗棠则认为塞防、海防二者应当并重。清朝政府采纳了左宗棠的意见，令他以钦差大臣身份率军进军新疆，用三年时间收复新疆，清政府与沙俄签订《伊犁条约》。如果没有左宗棠的努力，中国西北恐怕不是今天的局面；但东南沿海的海防显然效果不佳，结果造成了严重后果。

中国出现这种顾此失彼的国防窘境，有内外两方面的原因。从内部原因说，中国明朝时国力开始衰退，国防经费不够，造成一种"顾头不顾腚"的两难选择；从外部原因说，实现了工业化的西方列强崛起，军事技术越来越先进，相比之下中国与之差距越来越大。开始衰老的中国难以抵御西方列强坚船利炮的攻击，农业的中国难以抵抗工业化西方国家战车的碾压。此时中国与西方国家的力量完全不在一个等级上。

19世纪中叶是英国人从海上打过来，接着西方列强联手一再攻入中国，从此清政府不断地割土求和、赔款受辱，陷入了任人宰割的悲惨境地。

四是腐败导致打败仗。

清朝的北洋水师拥有从德国引进的亚洲最大吨位的战列舰，就战舰的规模而言是超过对手日本海军的。但是由于朝廷的腐败，北洋舰队的军费被挪用，导致舰船维护不力、弹药缺乏，加上军纪废弛、训练不足等原因，甲午海战中北洋水师竟然全军覆没。中国现代化的进程被打断了，而靠战争赔款养肥的日本反而提前进入了现代化强国之列。甲午海战的惨败成为中华民族心中永远的疼痛和耻辱。

研究中国军事落后的原因，有一种说法是中国的皇权体制造成的。中外学者中有人质疑这种说法。中国的皇权是从秦始皇开始的，上千年的历史里一直是这种体制，为什么中国在明代以前科技先进，而明朝后期大大落后了？我们认为，皇权制度说难以解释清楚其中的原因。

以笔者的看法，中国的大一统制度既有效率高的优势，又有社会基层组织难以发挥主动性的弊病，关键在于皇上。看他关注什么，如何决策，指挥棒指向哪里。科学技术的发展也是这样，只能由朝廷做决定，自上而下推行；而没有办法自下而上发展。这一点和欧洲大不一样，欧洲国家多，国家内部控制不严，地方的独立性很强，贵族可以推着国王走，比如说英国《大宪章》的产生；由于城市相对独立，资本主义生产关系可以先从城市中发展起来，比如说意大利的许多城市早期的发展等。

在中国，决策权掌握在皇帝手里，如果遇到了有志于富国强兵的明君，政治清明，社会安定，科技事业自然发展良好；但是如果遇到了昏君，国家就容易出问题。明清两朝实行闭关锁国政策，割断了中国与欧洲的交流往来，结果在西方发生工业革命的紧要历史关头，中国耳目闭塞，完全脱离了世界发展的潮流，造成了严重后果。

中国近代科技落后没能走上工业化转型的道路，原因之一在于中国闭关锁国退出了与其他国家在军事技术方面的竞争。英国在军事技术上后来者居上，制造出打得更远、发射更快、威力更强的"利炮"。枪炮主要采用了两项技术：火药——这是中国发明的；精密的炮管——能使炮弹打得更远更准。英国著名的制铁专家约翰·威尔金森率先发明出在炮管里钻出完美的圆柱体通道的技术。这两项技术结合，让英国制造出了威力惊人的快枪火炮，有了对外扩充的底气。火炮炮管的制作技术不光保证英国人打胜仗，甚至还帮助蒸汽机解决了气缸密封的技术难点，从而让英国的工业革命顺利诞生。这也是一个军事技术转化成工业通用技术的实例。

第四章

工业革命成功的观念原因

自由观念的故乡

"快乐的英格兰人"

孤悬海外的英伦三岛有皑皑晶莹的雪山冰峰、蜿蜒不断的崇山峻岭、茂密的原始森林。山坡下是平阔的大草原，阳光和煦，清风徐吹，水美草肥，牧民们在这里放牧，骑士们骑着骏马在草原上游荡。牧民高兴了放开歌喉唱歌，感觉寂寞了可以与挤牛奶的女工说笑调情。居民无拘无束，生活悠哉悠哉，欢声笑语不断。这是自由的土地、快乐的乡村。因此留下了"快乐的英格兰"这样一种说法。

但草原上的牧民可能还没有大海里的渔民快乐刺激。英国是个岛国，四周都是波光粼粼的海洋。众多的渔船游弋海上，挂起风帆，张网捕鱼。海岛上的先民很多是从北欧过来的维京人，饱含着海盗的基因，其实是一群爱冒险、不安分的人群。他们驾着海船航行于海上，一半是为了捕鱼，一半是为了劫掠。如果遇到满载的商船，他们立刻露出凶相，抄起火枪，俘虏商船，大大地发一笔横财。

人类文明分为三种形态：农业文明、草原文明和海洋文明。农民整天面向土地背朝天，严格遵守农时，春种秋收，马虎不得，是最不自由的一群人。相比之下，海洋里的水手、草原上的牧民，都要

⊙ 苏格兰爱丁堡山城山势险峻，景色奇丽

自由自在得多。在政治气候适当时，萌生出洛克的自由主义，构建了君主立宪的政治制度；而在经济气候合适时，长出了斯密和李嘉图等人的自由主义经济理论。这不仅让英国在大航海时代比别人晚却占据了有利席位，而且推动了工业革命的发生和成熟资本主义制度的建立。下面让我们来认识洛克、斯密等人。

洛克的自由主义主张

约翰·洛克（1632—1704），出生于英格兰西南部萨默塞特郡的威灵顿村。他是英国的哲学家和医生，被誉为"自由主义"之父。1688年前后，洛克写了《政府论》《人类理解论》《论宽容》等书，在书中提出的最惊人耳目的句子是："人类天生都是自由、平等和独立的。"这句话言简意赅点出了英国人最核心的理念，像飓风一样迅速吹向欧美各国。后来美国的《独立宣言》和法国的《人权宣言》中都采用了这一表述。

在《政府论》中，洛克还说了一句名言："统治者与被统治者之间存在着一种契约关系，统治的权力来自被统治者的同意；一旦契约被破坏，反抗便成为合法的权利。"这句话可圈可点。这是人类思想史上明确提出用"契约论"替代"君权神授论"，说王权不是来自上帝的传授，而是来自人民的认可。民众拥护，君主可以安坐王座；君主如果胡作非为，人民有权反抗。

洛克在著作中阐明了法治与自由的关系。自由应该以法治为基础，法治应该以保护自由为目的。这样的想法何等高明！既尊重英国自由主义的思想传统，传承了其精华；又让自由的清流沿着法治的渠道流淌而不至于成为四处泛滥的洪水。

如果了解一下洛克著书立说时英国的社会背景，就更能够理解他的理论对英国社会发展起到的重要指导作用。军事独裁者克伦威尔1658年逝世后，查理二世执政，英国王室复辟。查理二世去世后，其弟弟詹姆斯二世登基。他组织了一支近2万人的军队部署在伦敦周围。内战的阴影再次笼罩大地。

上次出现这种局面是在查理一世时，议会军队与国王军队兵戎相见，最后处死了国王。但这一次，议会不再打算组织军队与国王军队决战，想换一种新方式解决危机。1688年，英国议会向荷兰发出一份公函，邀请詹姆斯二世的亲戚、正在荷兰执政的奥兰治亲王威廉和他的妻子，即詹姆斯二世的长女玛丽一起前来英国担任国王。由于这一做法避免了流血，因而史称"光荣革命"。

"光荣革命"发生时，洛克因政治避难待在荷兰，在他乡写出了此书，不久他回到英国出版了著作。"光荣革命"确立了"议会主权"原则。这一原则由洛克在他的《政府论》中做了最为充分的理论阐述。洛克的理论为英国"议会主权"的大厦奠定了最坚实的基础，后来这一原则再也没有被动摇过。

洛克的健康状况不断恶化，于1704年10月28日去世，享年72岁。他终身未婚，把自己的时间、精力、热情、思想全部奉献给了理论研究工作。他的理论不但深刻地影响了英国，也成为人类思想宝库中的财富。

⊙ 苏格兰的古城堡有摄人心魄的魅力

斯密发现"看不见的手"

　　亚当·斯密（1723—1790），苏格兰人，出生于法夫郡科尔卡迪小镇。此镇位置在爱丁堡北面的半岛上，风光秀丽，气候宜人，终日吹拂的清新海风中夹杂着一丝鱼腥味。他14岁考入格拉斯哥大学。17岁时转入牛津学院。25岁毕业后到爱丁堡大学讲授文学。28岁回格拉斯哥大学执教13年，在此期间出版了他的伦理学讲义《道德情操论》，该书为他赢得了声誉。44岁时辞职回家乡专心写作，9年后《国富论》（全名是《国民财富的性质和原因的研究》）出版，64岁时出任格拉斯哥大学校长。1790年逝世于苏格兰爱丁堡，享年67岁。

◉ 险峻海礁山石上有一座明亮的灯塔

斯密是现代资本主义经济制度理论的创立者，《国富论》一书奠定了他在世界经济理论界的大师地位。他的理论强调自由市场、自由贸易以及劳动分工，被誉为"古典经济学之父"。

斯密写作《国富论》时，正是英国工业革命狂飙突进的时代。女王伊丽莎白踌躇满志，企业家瓦特和波尔顿正在伯明翰研发蒸汽发动机。国家经济繁荣昌盛，军事上一跃成为海上强国。

斯密在书中提出的自由经济学观点与当时英国流行的重商主义经济理论针锋相对。后者的代表人物是经济学家托马斯·孟，代表作是《论英国与东印度的贸易》一书。重商主义理论流行的时间其实还要早一些，大行于15—17世纪的欧洲。这种理论把货币看成是财富的唯一形态，一切经济活动的目的就是为了攫取金银。为了达此目的，国家必须积极干预经济活动，尽量多卖少买，多收入少支出。当时英国对外殖民扩张和建立帝国的指导思想就是重商主义。英国长期奉行限制进口、鼓励出口的保护关税政策。克伦威尔军政府颁布《航海条例》，目的就是保护英国商船的垄断地位。

正是在重商主义的保护下，英国在与对手的竞争中逐渐壮大，工商业迅速发展起来，让英国成为世界上第一个完成了工业革命的国家。但长大成为大人后，身上还穿着童年时的衣服就不行了。已经充分发展壮大的英国需要更大的市场，此时的重商主义不再是保护伞，而是变成了紧身衣。亚当·斯密最先看清楚这个问题，提出了自己的治病良药。

亚当·斯密提出市场是"看不见的手"的观点，仿佛是晴天响起了一声霹雳，震醒了当时的人们，直到今天，这个观点仍然有鲜活的生命力。他解释说：在激烈的竞争中，每个人"只想得到自己的利益"，但又好像"被一只无形的手牵着去实现一种他根本无意要实现的目的……他们促进社会的利益，其效果往往比他们真正想要实现的还要好"。他有一段著名的话语论证这个观点："我们每天所需要的食物和饮料，不是出自屠户、酿酒商和面包师的恩惠，而是出自他们自利的打算。我们不说唤起他们利他心的话，而说唤起他们利己心的话……"话语虽然不长，明白透彻，无可辩驳。

他提出的策略是："竞争而不是垄断，才能促进了国家财富的增长，因为一切商业利益的原则都是尽可能的贱买贵卖。但是最有可能的贱买，是在所有国家有最完全的自由将货物送来的时候；同样，最有可能的贵卖，是在市场上买主最多的时候。"

斯密的理论对英国制定经济政策产生了重大影响，政府取消了《谷物法》和《航海条例》等重商主义的法律，鼓励自由贸易。英国积极推行自由贸易政策，逐步建立起自由主义的经济体系，以取消他国产品输入英国的限制，来换取他国取消英货进口的限制。结果迅速扩大了国外市场，"英国制造"的产品在世界市场上风靡一时。不仅如此，在很长一段时间里，整个世界范围内的商业活动，不管是自愿还是被迫，几乎都按照亚当·斯密设计的游戏规则进行。

欧洲工业时代的发展历史充分证明了斯密理论的正确，学者们也对斯密的理论给予了充分肯定。英国历史学家汤因比认为，工业革命的实质既不是发生在煤炭、钢铁、纺织工业中引人注目的变革，也不是蒸汽机的发展，而是"以竞争代替了先前主宰着财富的生产与分配的中世纪规章条例"。有人说："如果说牛顿的力学定律开启了工业革命的大门的话，那么，亚当·斯密则挥动着'看不见的手'为工业革命缔造了一个崭新的经济秩序。"

自由的英国打败了专制的法国

英国和法国是一对老冤家，在历史上一直打来打去。百年战争中，法国把英国赶到了海岛上；在工业革命时代，为经济利益两个国家又打了起来。此时的法国如日中天，军事天才拿破仑率领意气风发的法国军队横扫欧洲，击败千军如卷席。但是在一场关键的战役中英军打赢了。1815年，在比利时的滑铁卢，惠灵顿击败了拿破仑。

两军决战于战场之上，但胜败其实决定于战场之外，两国对垒的刀光剑影更多地表现在市场竞争上。为打击英国，拿破仑在欧洲大陆强力推行"大陆封锁"政策；英国针锋相对从海上封锁法国及其盟国。较量的结果，法国遭受了更大的损失，因为拥有海外市场的英国经济实力更强。

欧洲的霸主拿破仑是看不起英国的，他嘲笑英国只不过是"会做生意的小店主"。但他没有意识到，战争其实打的就是后勤保障。当时拿破仑的军队身上穿的军服布料，就是从英国买来的棉纺织品。因此有人评价说："战争的胜利不仅是不列颠军队的胜利，也是市场经济的胜利。"

以下的数据可以让我们更清楚地感受到英国当时的实力。1850年，英国的城市人口已经超过了60%；生铁产量超过了世界上所有

⊙ 快乐的英格兰牧羊人，祖辈生活在美丽的山坡草地上

国家生铁产量的总和；煤炭产量占世界总产量的2/3；棉布产量占全球的一半以上。英国成了世界上第一个完成工业化的国家。

当时的英国产品在全世界大受欢迎。有一位作家写道："供印度用的斧子和供北美洲土著用的战斧，销往古巴和巴西……在美洲的原始森林里，伯明翰的斧子砍倒了古老的树木；在澳大利亚放牛的牧场上，回响着伯明翰的铃铛的声音；在东印度和西印度，人们用伯明翰的锄头照料甘蔗田。"同时英国几乎占领了世界的主要市场。有一位英国人洋洋得意地说："北美和俄国的平原是我们的玉米地；芝加哥和敖德萨是我们的粮仓；加拿大和波罗的海是我们的林场；澳大利亚、西亚有我们的牧羊地；阿根廷和北美的西部草原有我们的牛群；秘鲁运来它的白银；南非和澳大利亚的黄金则流到伦敦；印度人和中国人为我们种植茶叶；而我们的咖啡、甘蔗和香料种植园则遍及印度群岛；西班牙和法国是我们的葡萄园；地中海

◎ 苏格兰的风笛手吹着欢快的乐曲前行

是我们的果园；长期以来早就生长在美国南部的我们的棉花地，现在正在向地球的所有的温暖区域扩展。"

也应该指出，一种理论只有在最合适的时机、最合适的范围内，才能发挥最合适的作用。自由主义经济理论，虽然在18世纪将英国带上了工业革命的巅峰，但是在这个时间段之外，这个理论不一定适合英国的发展。当一个国家在工业刚开始发展阶段是需要保护的，这就是重商主义理论存在的理由；只有当国家发展到足够强大、没有对手时，才具备转为实行自由贸易的条件。英国人就是这样干的。他们在刚开始发展时高举贸易保护主义的大旗，坚决不开放自己的市场；而当强大后就开始鼓吹自由贸易的论调，要求别国开放市场。这也是亚当·斯密在《国富论》中强调的主张。

凯恩斯的宏观经济学

后来，完成了工业革命的德国、美国，利用后发优势迎头赶上，甚至开始超越英国。关键时候英国人却变迟钝了。当他们从"日不落帝国"的迷梦中醒来时，世界已经发生了巨大变化。英国经济出现了危机，这又催生出"宏观经济学"理论。创立者是约翰·梅纳德·凯恩斯（1883—1946），英格兰剑桥人，22岁毕业于剑桥大学国王学院。

1936年，约翰·凯恩斯发表了《就业、利息和货币通论》一书，提了著名的凯恩斯理论。他从根本上否定了英国的自由主义理论传统，提出利用国家的财政政策和货币政策对经济进行干预，通过刺激消费达到充分就业，从而消除贫困。国家的作用在凯恩斯的理论中被提到了一个新的高度，标志着自由放任时代在英国的彻底结束。

凯恩斯是英国最有影响的经济学家之一，他创立的宏观经济学，与弗洛伊德所创的精神分析法和爱因斯坦发现的相对论一起并称为20世纪人类知识界的三大革命。凯恩斯被后人称为"宏观经济学之父"。

英国经济理论的变迁，让我们想到了中国清代诗人赵翼的名句："江山代有才人出，各领风骚数百年。"市场经济方面英国是先行者，他们的历史经验值得我们学习、借鉴。

文学的沃土

莎士比亚的环球剧场

泰晤士河流在威斯敏斯特宫前是南北走向，向前流过滑铁卢桥后变成东西走向，因此莎士比亚环球剧场地处河流的南岸。

这是一座木质结构的环形建筑，木梁横架，茅草铺顶，式样古朴。进入剧场里一看，四周是观众区，巨大的木柱撑起了三层的观众席，座席前用木栅栏挡着，防止沉迷剧情的观众掉下来。剧场地面中间是舞台，上演莎士比亚的各种名剧。

从剧场的建筑风格看，人们会以为这是莎士比亚时代留下来的建筑；其实不然，环球剧场建于1997年，是一座复古建筑。建筑尽量保留伊丽莎白一世时代的式样，建筑材料大多使用木材草料等传统材料，有一种修旧如旧的感觉。

坐在复古的剧场里，观看一场莎士比亚创作的戏剧，重温历史上的传奇故事。戏剧中的人物穿着旧式的服装，说着当年的流行语，仿佛让观众穿越时光隧道回到了伊丽莎白一世时的辉煌岁月里，感受一个大国崛起时生气勃勃的气派，真是一种奇妙的感觉。这也许是了解英国历史岁月最好的方式了。

🎯 莎士比亚剧院坐落在泰晤士河南岸。有了这位
大师，南岸就成为世界戏剧中心之一

　　莎士比亚曾是此剧院的股东、演员和剧作人。他真是世界戏
剧界的奇才、英国的骄傲，被马克思誉为"人类最伟大的天才之
一"。威廉·莎士比亚（1564—1616）出生于英格兰埃文河畔斯特
拉特福镇，此地在牛津西北约60公里处。他23岁时来到伦敦，加入
剧团，开始当演员，后来尝试写剧本，30岁时已是宫务大臣剧团
（后改名为"国王剧团"）的成名作家。他一生写了37部剧作。莎
剧的代表作是他的"四大喜剧"和"四大悲剧"。前者包括：《仲
夏夜之梦》《威尼斯商人》《第十二夜》《皆大欢喜》；后者包
括：《哈姆雷特》《奥赛罗》《李尔王》《麦克白》。
　　写《大人物的世界史》一书的英国作者西蒙·蒙蒂菲奥里评价
说："莎翁剧作品的核心是对人世的质问：何谓人？何为人？何为
君王？"莎士比亚是解剖人性的大师，没有人能够超过他对人类感情复杂的理解，没有人能够达到他对人性深度的洞察。他的剧作深刻地反映出当时英国人文主义理想与黑暗现实的矛盾和理想破灭的痛苦深渊。通过他的作品能够广泛浏览到英国当年波澜壮阔的社会实景。

以四大悲剧为例。哈姆雷特在杀父之仇与良心不安之间优柔寡断，人们对其复杂的性格颇难理解，以至于说"一千个观众眼中有一千个哈姆雷特"。该剧是莎剧中最成功的代表作，哈姆雷特是不朽的戏剧人物。《奥赛罗》表现爱情与嫉妒、轻信与背信的主题等，人心复杂犹如迷宫，深陷其中难以看清真相。感情左右了理智一定会陷于悲剧，而悲剧一再上演，自古至今皆如此。李尔王是一个从君主到弃儿、最后发疯的角色，权力让他以为自己能够主宰一切，失去权力让他陷入绝望的深渊。从李尔王身上能够领会到权力如何让人性变异，又如何让人性发狂。麦克白夫妇野心膨胀，弑王篡位，为巩固王位屠杀人民，为保住王冠不惜让全国血流成河。该剧深刻刻画出暴君会给国家带来何等沉重的灾难，作者告诫人们，付出极致代价获得的权力终究是梦幻一场。

欣赏莎士比亚的剧作，既能领略到浓浓的历史味道，又能感觉到强烈的现实意义。莎翁笔下的国王多数是反面角色，只为个人争权夺利而不顾臣民的死活；宫廷内暗藏的刀光剑影，无止无休的权谋争斗，对社会发展造成了巨大的破坏，让人民生活在水深火热之中，这样的国王不要也罢。这一思想与英国政治制度的变迁路径十分合拍，启发人们坚定地走"议会主权"的英国特色改革之路。

莎翁对人性的描写力透纸背、入木三分。人性是自私的。始终追求私利的人心，既是欲壑难平的黑洞，也可能是经济社会能够发展的动力之一。也许在莎士比亚的剧作里就能够领悟到"看不见的手"理论的心理根据。莎翁的许多喜剧又生动地表现了人类精神美好的一面：积极向上，坚守正义，纯洁爱情，幸福生活，为实现理想敢于献身等，表现出人类自由精神的可贵，这又成为英国自由主

◎　威廉·莎士比亚的雕像

义思想的丰富养分。

莎翁的戏剧，在相当的程度上塑造了英国人的观念，丰富了人们的精神世界。表面上看与工业革命不一定有直接的关系，但仔细想想又与驱动工业革命的思想动力丝丝相扣。莎士比亚的戏剧是在英国这块肥沃土地上长出的绚丽花朵，是英国民族的优秀文化遗产，是全世界公认的经典剧作，是人类精神文化宝库中的瑰宝。

狄更斯和萨克雷的解剖刀

莎士比亚以后两百多年，英国文坛上又出了一个大文学家。莎士比亚生活在伊丽莎白一世（1533—1603）时代，狄更斯生活在维多利亚女王（1819—1901）时代。前者是英国开始跨上海上强国之路的时代，整个社会蓬勃向上、意气风发；后者是英国工业化基本完成时，英国国力达到顶峰，繁荣昌盛，不可一世。

工业革命时代生产方式巨变，是与资本主义制度联系在一起的。工厂主与工人群众对工业化的态度其实并不一致。为了充分利用机器，工头们严格管理工人的时间，包括吃饭和上厕所都要准确到分秒；为了降低用工成本，大量雇佣妇女和童工。工业化的结果，一方面是生产效率的极大提高、社会财富的爆炸性增长；另一方面财富逐步集中于少数人手中，贫富不均日益严重，社会裂痕不断加深。许多富有正义感、有良心的作家，不满意社会不公平，不断揭露社会的黑暗，其中最出色的可能要数狄更斯和萨克雷。

⊙ 大文豪查尔斯·狄更斯
的浮雕

　　查尔斯·狄更斯（1812—1870）出生于英格兰南部朴次茅斯市
一个海军职员家庭。他的主要作品有《大卫·科波菲尔》《匹克威
克外传》《雾都孤儿》《老古玩店》《艰难时世》《双城记》等15
部长篇小说和大量的散文作品。

　　狄更斯生活和创作的时间是19世纪中叶维多利亚女王时代前
期。曾被誉为英国最辉煌的时代，然而在狄更斯看来，此时期社会
危机四伏。他以写实笔法，描绘社会上层人物的虚伪嘴脸，揭露资
产阶级的贪婪本性，特别注意描写生活在社会底层"小人物"的生
活遭遇，代表劳苦民众向社会发出抗争的声音。

　　狄更斯的作品为不断开拓批判现实主义文学的道路，对英国文
学的发展产生了深远的影响。在世界文坛上享有极高的声誉。如果
从思想观念的角度说，狄更斯的作品体现了英国人的核心精神，一
方面能够感觉到作品中弥漫的一种发自内心的快乐和满足，让人们
能够感觉到"快乐英格兰"的乐观精神；另一方面，作品中处处迸
发出一种自觉的反思和批判精神。他为弱势群体代言，追求社会正

义，探寻能使人类和谐相处的引擎，叩问世界首富之国的良心。随着他那解剖刀式的笔端不断地深入到社会深处，随着他对工业化社会发展的不断思考，他以激烈的语气批判社会，他越来越不满意的是，随着工业化的发展，金钱越来越拥有颠覆一切的力量，一切精神生活越来越变成了金钱的附庸。

就是在《双城记》这本书里，他大声地呐喊：

> 这是一个最好的时代，也是一个最坏的时代；
> 这是一个智慧的年代，这是一个愚蠢的年代；
> 这是一个信仰的时期，这是一个怀疑的时期；
> 这是一个光明的季节，这是一个黑暗的季节；
> 这是希望之春，这是失望之冬；
> 人们面前应有尽有，人们面前一无所有；
> 人们正踏上天堂之路，人们正走向地狱之门。

学术界评论说，狄更斯在19世纪小说家中无人能比。他的名声早已超出了英伦三岛和大洋彼岸的新大陆，从他身上汲取营养的作家不可胜数。

1870年6月9日，狄更斯因脑溢血逝世，享年58岁。他被荣耀地安葬在威斯敏斯特教堂诗人角。墓碑上写着："他是贫穷、受苦与被压迫人民的同情者；他的去世令世界失去了一位伟大的英国作家。"

威廉·梅克比斯·萨克雷（1811—1863），出生在印度加尔各答，父亲是英国人，任职于东印度公司，母亲是印度人。萨克雷曾就读于剑桥大学。他也是维多利亚时代的优秀小说家，其代表作是《名利场》，在英国文坛上他因这本书而与狄更斯齐名。萨克雷在小说中塑造了无数中上等阶层的人物，准确生动地描写了工业化时期的社会风情，绘制出一幅维多利亚时代繁荣盛况的绚烂图画。作品既推崇英国绅士的行为准则，宣扬良好的社会道德标准；也鞭打资本家没有底线的投机冒险行为，揭露人与人之间尔虞我诈的金钱关系。有人评价说："萨克雷是英国工业资本主义社会的严峻法官。"

好的作家代表着社会的良心，他们的笔头是社会的解剖刀。优秀的文学作品，传播先进的思想观念而促进社会的发展；揭露社会的黑暗面而让人们对新出现的社会问题有所警觉。英国的工业社会，由于诗人充满热情的放歌而扬名，也因为小说家细致地观察描写而让读者加深理解。这就是狄更斯和萨克雷他们所做的贡献。

从乌托邦到科学社会主义

工业革命以来，一种新的思想观念对人类社会产生了巨大的影响。这种思想发轫于莫尔，他提出了社会主义的想法；成熟于马克思，他通过艰巨的理论研究形成了科学社会主义理论。莫尔是英国人；马克思虽然是德国人，但他的研究工作中相当重要的一部分是在英国伦敦的大英图书馆里完成的。

工业革命自18世纪60年代开始以后，资本主义制度开始建立。两者成为一股强大的力量带动社会飞速向前发展。但是，几乎从一开头，工业革命与资本主义的弊端就同时显现出来。随着经济的迅速发展，社会两极分化，阶级矛盾空前加剧，环境污染严重，人类社会难以持续发展。在这种情况下，作为资本主义对立物的社会主义思潮出现是很自然的事情。这一思潮可以追溯到托马斯·莫尔，他在《乌托邦》一书中设想了一个空想社会主义的理想境界。而马克思在大英图书馆里潜心研究，写出了《资本论》等著作，创建了科学社会主义理论。

托马斯·莫尔（1478—1535），英国伦敦人。他于1515—1516年写成《乌托邦》（全名是《关于最完美的国家制度和乌托邦新岛的既有益又有趣的金书》）一书。他以此书名垂史册，被历史学家

115

认为是欧洲早期空想社会主义学说的创始人。

"乌托邦"一词来自希腊文，意即"乌有之乡"。中国古代文学著作中能够与之相比的，大约要算陶渊明写的《桃花源记》。但桃花源记写的是秦朝人到桃花源避难，"不知有汉，无论魏晋"，桃花源里的居民不与外面的世界来往，有点像老子说的那种"鸡犬之声相闻，民至老死不相往来"的"小国寡民"的情景；而乌托邦虽然也是一个小小的岛国，但却十分开放，与周边颇有往来，且善于设立新制度，如居民财产公有、按需分配、经济和政治权利方面人人平等。虽然都是空想的社会模型，但两者有不同的历史时间差距。

莫尔的思想十分超前。《乌托邦》一书中的人物认为私有制乃万恶之渊薮，"只有完全废除私有制度，财富才可以得到平均公正的分配，人类才能有福利"。从思想观念角度说，莫尔第一次提出了消灭私有制、建立公有制的问题，对于人类社会的发展来说，他的学说具有巨大的思想价值。学术界认为，莫尔在英国历史上最伟大的100个名人中名列第37位。

莫尔生活于资本主义原始积累时期，"羊吃人"圈地运动已经出现，但工业化只能算是露出了小苗头。此后经过200多年的时间，英国工业革命的涓涓细流终于汇成了汹涌大潮。虽然工业化极大地提高了生产效率、社会财富空前增加，但并没有解决私有制带来的问题，反而令经济更不平等，社会鸿沟越来越深。工业时代资本家和工厂主控制社会的力量更强大，现实距离莫尔理想社会更远了。

这个时候马克思出场了。卡尔·马克思（1818—1883）的故事读者很熟悉，这里只重点说一说他在伦敦工作生活的情况。马克思是1849年8月来到伦敦的，在伦敦生活了30多年。马克思的许多著作是在伦敦期间完成的。在很多年里，他每天都去大英图书馆借阅、研究和著述。因为这个原因，中国读者对大英图书馆印象颇深，以至于国人写作的一些文章里夸张地提到马克思常年坐在图书馆的座位上，脚下磨出了一道脚印。实际上这是不可能的，首先在一个规模巨大的公众图书馆里，马克思坐的座位并不固定；其次，图书馆地面铺有厚厚的地毯，伟人的脚不会直接接触地面，因此不可能有"光辉的脚印"之类的痕迹。但不管怎样，马克思在大英图书馆里研究和写作是事实。《资本论》第1卷的书稿就是在大英图书馆里完成的。

◉ 卡尔·马克思雕像

马克思深入地研究"剩余价值"学说，发现了资本主义社会本身具有不可能克服的巨大矛盾，因此资本主义会最终会被社会主义社会所取代。由于马克思的研究，社会主义理论由空想变成了科学。

马克思、恩格斯在《共产党宣言》中宣告："随着大工业的发展，资产阶级赖以生产和占有产品的基础本身也就从它的脚下被挖掉了。它首先生产的是它自身的掘墓人。资产阶级的灭亡和无产阶级的胜利是同样不可避免的。"

"共产党人不屑于隐瞒自己的观点和意图。他们公开宣布：他们的目的只有用暴力推翻全部现存的社会制度才能达到。让统治阶级在共产主义革命面前发抖吧。无产者在这个革命中失去的只是锁链。他们获得的将是整个世界。"

马克思是科学社会主义理论的创造者，全世界无产阶级和劳动人民的革命导师，国际共产主义运动的开创者。在马克思主义理论的指导下，先是建立起来第一个社会主义制度国家苏联；接着"十月革命一声炮响，给中国送来了马克思主义"。在马克思理论指导下，中国成功地走上了一条建设中国特色社会主义的道路。

1883年3月14日，马克思因病去世，安葬于伦敦海格特墓园。

可以对这一章的内容做一个简要概括：英国的文学家文思泉

涌，著述颇丰，为世界文学作出了重大贡献。他们研究人性，挖掘
人性中最深处隐秘的自私自利，而这个自私可能是发财致富最大的
动力；他们揭露富人追求金钱的贪婪，人的贪心却在合适的条件下
化成了社会的财富；他们剖析资本主义制度的冷酷无情，在创造巨
大的财富的同时，使人类陷入了无边无际的痛苦大海；他们研究宫
廷帷幕里的刀光剑影，看出了专制是社会健康发展的阻力，赞扬议
会制度将自由还给了民众，让社会迸发出了巨大的创造力。

英国的思想家巨匠辈出，他们在新思想新观念的挖掘建设上表
现突出，为人类思想发展作了重大的贡献。

第五章

日不落帝国的盛衰

不列颠群岛的洪荒时代

神秘的巨石阵

索尔兹伯里是颇受旅游者欢迎的"打卡"景点之一，因为这里有神秘的巨石阵。这个地方在伦敦西面，距离约120公里。

这一天我们来到了巨石阵。辽阔草原铺向远处，山坡平缓起伏，优美的曲线十分悦目。空旷的天地之间，清风随意吹拂，带来阵阵寒意。脚踏在软软的草地上，呼吸着清新的空气，大家兴致高涨。虽然天气比较冷，但草苗仍然青翠。蓝天在上，绿地在下，一片萧瑟的冷色调，令人着迷。

大草原无边无际，密集的树林点缀其间，视野极开阔。突然，巨石阵闯入我的眼眶，多么浩大的工程！几十根巨大的石柱立在草地上，石柱围成几个同心圆；有的石柱顶端还横架着一条石梁。导游讲解说，石阵中心的巨石最高的有8米，每根石柱重约30吨。如此巨大的石柱不知道是怎么立起来的，更不知道沉重的石梁是怎么架上去的。

巨石阵不但工程浩大，而且可以用来观察天象。我们按照导游的指点，站在巨石阵中间，感觉环形的巨石阵像一个巨大的马蹄

◉ 英格兰索尔兹伯里的巨石阵有许多神秘的现象

铁。据说在夏至或者冬至那一天，从马蹄铁的缺口处往东看出去，
可以看到太阳从地平线上一跃而出。

据考证，巨石阵建造于公元前3000—公元前1100年，距今约
5000年。没有文字记载，老人的记忆链条也已经断裂，因此人们对
它完全不了解。不知道它是怎样建起来的，也不知道用来做什么。
学者猜想，建造巨石阵的起因可能与宗教有关。也许当时生活在这
块土地上的人们是太阳神的崇拜者，他们每天在这里迎接红彤彤的
太阳升起又落下。太阳出来，带来了温暖，扫除了寒冷，最重要的
是驱走了隐藏在黑暗中的妖魔鬼怪。有了太阳神的保护，人们的心
里才能够踏实。据统计，在英国，像这样的巨石阵有多处，索尔兹
伯里的巨石阵算是其中最著名的一座。

据考证，建造巨石阵的巨大岩石块一部分来自400公里以外的山
脉。这么远的距离，石块又是怎样运输来的呢？我想起了遥远埃及

的巨型金字塔，感觉远古时代这两个地方的先民似乎有几分相像。例如，两处工程建造的时间约在公元前3000年左右（或许建造埃及金字塔的时间更早远一些，但前后相差应该不超过1000年）；都喜欢使用巨石建造规模宏大的工程；古埃及崇拜太阳神，也许巨石阵也与崇拜太阳神有关。而两地相隔着千山万水，不列颠岛孤悬于欧洲大陆西端大西洋的海水里，埃及地处非洲北端地中海沿岸的沙滩上。那时候没有方便的交通工具，如果行走陆地，两地的万里长途对古代人来说太远了，行船海路也许会容易很多。因此，也许是古不列颠岛受到了当时古埃及文化的影响，或者也有可能掌握了先进建筑技术的古埃及人移民到不列颠岛建起了巨石阵，这也不是不可想象的。巨石阵与金字塔之间可能有某种神秘的联系。

不列颠岛虽然孤悬海外，但对乐于不断迁徙的远古人来说，不可能会漏掉这个与欧洲大陆只有一湾浅水相隔的岛屿。实际上，法国与英国之间只隔着一个不算太宽的多佛尔海峡。五千年后的1994年，英法之间修建了穿过多佛尔海峡的铁路隧道（全长50公里，水下长度38公里），漂亮的流线型"欧洲之星"列车穿梭于海底隧道里。1999年我第一次去英国，就是乘坐"欧洲之星"穿越海底隧道从法国到达的。那一次乘坐在世界上最先进的列车里，飞驰于世界上最长的海底隧道中，当时给我的印象可以用"震撼"两字来形容。

据考古历史学家研究，最早（约公元前3000年左右）来到不列颠岛上的人是伊比利亚人。伊比利亚半岛与不列颠岛大海相隔，距离也不算太远。按照时间推测，巨石阵也可能是由伊比利亚半岛上来的移民们修建的。

公元前700年以后，欧洲大陆上的凯尔特人开始不断地迁徙到不列颠岛上。凯尔特移民群体中，有一支被称为"布立吞人"的部落。据研究，"不列颠"这一名称可能来源于此部落。凯尔特人之所以有力量大举移民不列颠，是因为他们的文明程度比岛上的土著人高得多。凯尔特人挥舞铁器工具，掌握先进的耕犁技术，已经开始使用货币。不长时间里，凯尔特人就占领、渗透到了全岛各个角落，后来的历史文献中又称凯尔特人为"土著人"。

文明与野蛮的分界线

早听说英国有一条长城，作为来自长城大本营的我自然对此感兴趣。但20多年前第一次到英国时没有走出伦敦，因此没有见到英国长城。这次再来才看到了向往已久的哈德良长城。中国的长城长达万里，得名"万里长城"；而英国的"长城"实际上只有118公里长，是中国万里长城的零头。但是，由于此长城的建造者是古罗马帝国，又坐落在近代英帝国的土地上，因此也大名鼎鼎。

中国建长城是为了阻挡北方游牧民族的抢掠行为，罗马人建哈德良长城也是为了阻挡北方剽悍的凯尔特人。看来就古代的不列颠岛而言，南方属于罗马帝国的不列颠行省，更富裕一些、文明程度更高一些；而北方，由于草原适合发展游牧业，人善骑射，民风更强悍一些。为防止北方人高马大、机动性更强的邻居入侵抢劫，修长城是一项无奈但有效的方法。

"哈德良"是一位罗马皇帝的名字，这位皇帝在位于罗马帝国强盛的时代，是著名的五贤帝之一。就是他决定修建这段长城。虽然长城不长，可称之为"百里长城"，但是它将长条形的不列颠岛拦腰斩断，成为难以逾越的天堑。

罗马军团是怎样来到不列颠岛上成为新主人的呢？公元前半世纪时，意大利半岛台伯河畔崛起的罗马帝国，成为当时欧洲大陆上国力最强、文明程度最高的国家。罗马帝国征服了伊比利亚半岛后，很自然地对不列颠群岛开始有了兴趣。

公元前55年和公元前54年，当时的罗马皇帝恺撒曾两度率领罗马军团入侵不列颠，但均被善战不屈的不列颠人击退。10年后，另一位罗马皇帝克劳狄一世再次率领罗马军团入侵不列颠，这次打败

◎ 不列颠岛上著名的哈德良长城，是1900多年
前由罗马军队修建的

了不列颠人，征服了岛国，把不列颠变成了罗马帝国的行省。再过
50多年后，力量开始收缩的罗马帝国修建了哈德良长城。

在去北方的路上，我们特意来到哈德良长城下观看一番。只见
高低起伏的山坡上，有一条蜿蜒不断的石头城墙。石墙建在山脊，
顺着山势延伸，像一条用干枯的荆棘、藤条在绿色的草地上编织出
的密网，成为难以逾越的障碍；又如一条长蛇，巨大的身躯对来犯
的敌人形成威慑。当年的长城墙高石厚，关键的地方还有高高的瞭
望塔、屯兵的城堡、快速调兵的通道、掩护士兵射箭的箭垛等。经
过两千年的风吹雨打，墙体已经残破，许多地方变成了废墟，但是
长城的基础还在，长满青苔的石块上留有当年战火硝烟的痕迹。

与中国建筑长城主要靠老百姓服苦役不一样，哈德良长城的施

工队伍是罗马军队。在欧洲大陆上旅游，经常能遇到当年罗马军队修建的道路、桥梁、剧场、兵营等，显示了罗马军队高超的建筑技术和超强的施工能力。近两千多年前的哈德良长城，再次令人领略到罗马军队令人生畏的工程能力。

哈德良长城是古罗马军队杰出建筑水平的标记，是帝国拥有高度文明的证明。面对哈德良长城饱经沧桑的遗迹，感慨之情油然而生。恺撒皇帝曾在他的《高卢战记》中写描写了不列颠土著人战士的容貌："所有不列颠人都用菘兰染身，使人看来带有天蓝颜色，因此在战斗中显得更为可怖。不列颠战士的杀伤力让恺撒产生出报复的念头，这应该是他后来率兵攻打不列颠岛的动因之一。

像世界上其他地方一样，不列颠土地上也不断地上演着先进战胜落后、文明同化野蛮的戏剧。先是掌握了先进技术的凯尔特人战胜了更早的"土著"种群；而后来文明程度更高的罗马帝国又战胜了凯尔特"新土著"部落。就是在这种先进与后进的竞争、厮打、占领、融合过程中，人类整体文明不断地向前迈进。

盎格鲁-撒克逊人登台

罗马帝国盛极而衰，公元5世纪西罗马灭亡。

不列颠岛出现了权力真空。欧洲北方的盎格鲁人和撒克逊人开始入侵不列颠岛。盎格鲁、撒克逊属于日耳曼民族。有学者评价说，这两群人是日耳曼人中最落后、最原始的部落。这场入侵长达150多年，直到公元6世纪，今日的英格兰民族才逐渐出现在这片土地上。"英格兰"一词的含义是"盎格鲁人的土地"，古英语就是他们部落的语言。丘吉尔有一句话说得好："在黑夜中入睡的是不列颠，黎明时醒来的却是英格兰。"

不列颠岛换了人间，新主人登上舞台。盎格鲁-撒克逊人后来的发展超出了人们的想象，他们的脚步不仅没有停留在不列颠岛，千年之后走出不列颠岛、又冲出欧洲，到达世界各地，成为日不落帝国。今天所谓的"五眼联盟"（FIVE EYES），是美国、英国、加拿大、澳大利亚和新西兰5个国家间谍情报业务上的联盟。5个国家都是盎格鲁圈国家，他们的祖辈当年就是在不列颠岛发家崛起的。

英伦岛上恩仇记

人们说英国，除了说不列颠岛，还有"英伦三岛"的说法。英伦三岛一般指的是英格兰、苏格兰和威尔士。按人种分，岛上的居民主要是盎格鲁–撒克逊等日耳曼人，还有凯尔特人。如果到这几个地方走一走，就能了解他们之间的差别其实还是比较大的。

一山能容二虎吗？

苏格兰第一大城市是格拉斯哥，但首府是第二大城市爱丁堡。

这一天我们来到了爱丁堡。该市最热闹的街道是王子大街，大街东西向，宽阔笔直，热闹非凡，将城市分成南北两半，两面的建筑风格迥然不同，街南多为中世纪建筑模样，古朴而厚重；北侧流行维多利亚式建筑风格，豪华而典雅。王子大街南面矗立着一座高高的苏格兰纪念塔，塔身结构空灵，造型优美，高低不同的尖塔直冲向天空，一股向上不屈的民族精神接通蓝天。

顺着大街向西走到头，有一座山头是全市的最高点，这是一座高135米的死火山。这座山头，地势险要，三面是悬崖，只有一面斜坡通向山下，是一处易守难攻的要塞。山头顶上建有一座雄伟的城

◉ 爱丁堡城市景观

堡——爱丁堡，不论在城市哪个角度都能看到城堡的身影。事实上爱丁堡曾经是堡垒、王宫、军事要塞和国家监狱。城堡的建造历史最早可以追溯到公元6世纪，比英格兰的温莎城堡早建几百年。"爱丁堡"原意就是"斜坡上的城堡"。爱丁堡城堡被誉为"苏格兰王冠上的明珠"。

从人种上说，苏格兰人由早期的凯尔特人、盎格鲁人和罗曼人融合而成，与英格兰情况差不多。苏格兰土地上原来有几个小一点的国家，公元9世纪，一位名叫麦卡尔平的苏格兰王，与另一个小国联合成为苏格兰王国。王国延续了800多年直到17世纪。

英格兰与苏格兰之间最早的分界线就是哈德良长城，该长城成为"南方罗马治下的和平"与"北方无法无天野人世界"的分界线。詹姆斯六世是第九位苏格兰国王（1566—1625）。1603年，英格兰女王伊丽莎白一世驾崩，死前将王位传给詹姆斯。詹姆斯成为英格兰的詹姆斯一世。因此，苏格兰和英格兰成为共主联邦。

◉ 爱丁堡古城堡大门

1707年，根据联合法案（*Act of Union*），苏格兰议会和英格兰议会合并，两个国家成为统一的"大不列颠王国"（Kingdom of Great Britain）。

　　苏格兰与英格兰与相比，社会经济要落后很多，然而苏格兰人也要剽悍得多。当年罗马军团征服英格兰后，与骁勇善战的苏格兰人打仗时互有输赢。后来在一次格劳皮乌斯山战役中，罗马人大胜。但是罗马军队审时度势，仍然放弃占领苏格兰，而是修建哈德良长城，躲在长城后面不再前进。

　　后来苏格兰与英格兰之间进行了长期的征战。虽然英格兰的军队多次取得胜利，但是苏格兰人的起义反抗不断。在爱丁堡城堡正门的两侧，分别有一尊站立的雕像，左侧是罗伯特·布鲁斯，他是13世纪时苏格兰的国王，其祖先跟随法国征服者威廉从诺曼底来到不列颠，因此他拥有北欧维京人的血统。在班诺克本战役中，苏格兰军队获大胜，英格兰与苏格兰签订《北安普敦条约》和《爱丁堡

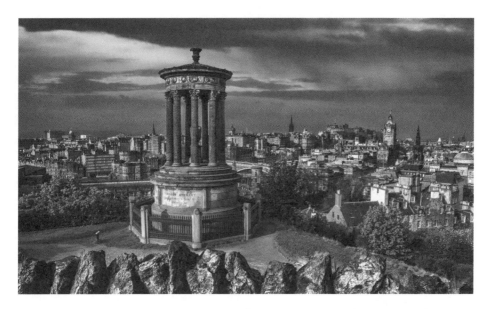

⊙ 从卡尔顿山上俯视爱丁堡城市，另有一番光景

协议》，苏格兰王国的独立主权得到正式承认。

　　大门右侧的石像是威廉·华莱士，他也是13—14世纪苏格兰的一位勇士。他在斯特林桥战役中击败英格兰军队，成为苏格兰护国公；后战败被俘，遭斩首。他是苏格兰独立战争的一个标志性人物，电影《勇敢的心》讲述的就是他的故事。

　　城门上方有一个红色雄狮的图案，后来被吸收到英国皇家徽章中代表苏格兰。城门门楣上还写着一句"犯我者必受惩"的警语。这些集中地表现出苏格兰人顽强不屈地捍卫国家的民族精神。

　　虽然英格兰与苏格兰统一数百年，但是苏格兰人桀骜不驯的性格并没有真正臣服。1998年，消失300年的苏格兰议会又恢复了。2014年9月，苏格兰进行了独立公投，计票结果是55.8%的选民反对独立。

　　爱丁堡是一个文化特别浓厚的城市，爱丁堡被联合国教科文组织评为文学之城。爱丁堡城堡下有一片开阔的空地，蓝天白云，绿

131

⊙　爱丁堡艺术节期间，一位黑人艺术家在街头表演

草茵茵，环境特别优美。爱丁堡艺术节的开幕式、闭幕式都在这里举办，实为文化盛宴。其中，最吸引人的要算爱丁堡军操表演，几百名穿着传统裙子套装的风笛手，演奏着独特的传统音乐，气势雄浑；街头艺人们在大街上表演魔术、杂耍，场面惊险。在夏洛特广场举办的爱丁堡国际读书节，有来自世界各地的名作家为读者们朗读他们的最新作品。到处都有欢歌笑语，游人们兴致勃勃地观看充满苏格兰情调的各种文化产品展示，参与各种热闹的民俗文化活动。

　　文化狂欢活动一直举行到深夜。虽然时值8月，爱丁堡的夜晚却十分寒冷。阵阵寒风袭来，人们穿上厚厚的衣服御寒，但广场上人们的热情反而达到了高点。在午夜的钟声敲响时，歌手们开始演唱那首百唱不厌的保留歌曲——由苏格兰著名诗人罗伯特·彭斯创作的《友谊地久天长》：

　　　　怎能忘记旧日朋友，心中能不怀想？

旧日朋友怎能相忘，友谊地久天长。

友谊万岁，朋友，友谊万岁！

举杯痛饮，同声歌唱友谊地久天长！

真是想不到，一首歌曲能够产生出如此巨大的力量，让大家拨动了心弦，变软了心肠，开阔了胸襟，激起了情绪，点燃了狂热的情感之火。虽然游客们来自天南海北、四面八方，但是这一刻人们拥有共同的心境，流露出相同的感情。人们感觉到的是友谊，沉浸在欢乐的海洋里，对未来充满了美好的向往。

襁褓中的威尔士亲王

威尔士地处英格兰的西端，三面环海。西海岸隔圣乔治海峡与爱尔兰岛隔海相望。首府加的夫是个海港城市，地处威尔士最南端的加的夫湾，也是塔夫河口。

加的夫是一座历史悠久的古城，公元1世纪罗马人便在此建起了兵营和城镇，山头上至今能够看到罗马人建的古城堡傲然雄立。20世纪初加的夫曾是世界上最大的煤炭输出港，钢铁、煤炭、造船、汽车装配等工业一度发达。在加的夫，现代化的街景与古老的建筑并存，时髦的文化设施与古老的教堂共处，工业城市的痕迹逐渐消失在蓬勃生长的园林之中，居民们在大自然温馨怀抱中幸福生活的情景令人羡慕。行走在加的夫的街道上，一个现象令人印象深刻：城中所有的标志都是用威尔士语和英语双语写的，而且威尔士语排在前面。这个现象说明威尔士一定程度上的独立性和威尔士人对自己文化历史的珍惜。

市中心开始重建后，在塔夫河口建起了一座大坝，长龙卧波，挡住清流，形成了一个巨大人工湖，杨柳垂河岸，绿水扬清波，轻风吹白帆，水鸟掠湖面。岸边新大楼拔地而起，城市面貌焕然一

⊙　威尔士首府加的夫是个海港城市，风光秀丽

新。听说1983年3月厦门市与加的夫签署成为友好城市姐妹城，这是中国与英国之间结成的第一对友好城市。厦门在欧亚大陆东海岸，加的夫在欧亚大陆西海岸，两城相隔万里，却都是美丽的海岸城市。蓝天白云飘荡，碧海一望无际，到处鲜花盛开，城市十分美丽。真是一对面貌美丽的姐妹花。

威尔士虽小，历史却古老。公元前1000年，就有凯尔特人在这片土地上定居生活，建立了一些小王国，后来被罗马帝国攻灭。从公元初到410年近五个世纪里，威尔士一直是罗马帝国不列颠尼亚行省的一部分。威尔士有　个近乎神话的传奇人物——被称为"永恒之王"的亚瑟王。他是圆桌骑士的首领，带领圆桌骑士在威尔士（或者是整个不列颠）历史中成为英勇反抗外来侵略者和暴君的英雄。传说中的亚瑟王有一头太阳般耀眼的金发，拥有绿宝石一般的碧眼和清脆悦耳的声音。他恪守骑士精神，具备善良、正直、仁爱、忠诚的品质，是容易让女性心醉的白马骑士。他其实就是威尔士人心中的理想人格的化身和民族英雄，他敢于抗争、英勇不屈的英名一直在江湖上传颂。

公元1066年，诺曼底公爵威廉一世征服英格兰，建立诺曼底王朝。威廉一世恩威并施，将威尔士也纳入了自己统治的版图内。但是威尔士人并没有打心底里臣服。英格兰征服威尔士经过了漫长的200年，相比之下，诺曼人征服英格兰只用了一年的时间。威尔士多山、地形复杂是一个原因，另外一个原因是民风剽悍、桀骜不驯。

英格兰金雀花王朝的爱德华一世（1272—1307在位）是一位文武双全的国王，他于1277年开始攻打威尔士。在会用兵的国王指挥下，英格兰军队的进攻势如破竹。7年后征服了威尔士全境，颁行了宪法性质的《威尔士条例》（*Statud Rhuddlan*）。

威尔士看靠拳头实在打不过英格兰，就想用脑瓜维护自己的利益。他们向爱德华一世提出了一个臣服的条件：只能由一位在威尔士出生、不会讲英语、生下来第一句话说威尔士语的亲王来管理威

◉ 威尔士国民议会大厦造型奇特，像是戴了一顶方顶帽子

135

◉　威尔士著名的卡纳芬城堡

尔士人。这个要求不算太过分，国王同意了。威尔士人大喜过望，认为国王中计了。国王却在心里早就算计好了。他把即将分娩的王后接到威尔士，生下的王子完全符合条件要求，只是婴儿说出口的第一句话是英语还是威尔士语，这个谁也说不清楚了。

这个第一位"威尔士亲王"就是爱德华二世。从此以后，这种做法就成了惯例：英格兰国王和后来的联合王国国王总会让长子兼任"威尔士亲王"。这样一来，"威尔士亲王"的头衔就成了"英国王储"的同义词。这件事上英格兰人显得更智慧一些，但是这种做法在某种程度上也满足了威尔士人的自尊心，所以威尔士人接受了。

这件事再次说明英国人真的很懂得"妥协"的真髓，遇到难办的事情，大家各让一步，虽然结果不是"最好"，但只要是"次好"也可以接受。至于威尔士接受"威尔士亲王"，表面上看是臣服，但几百年里避免了战事，也算是不错的选择。实际上，"威尔士亲王"只是个名义上的头衔，治国的权利还是掌握在威尔士政府手里。1536年，英格兰和威尔士通过了《联合法案》，两国完全联合。英语成为威尔士的官方语言之一。1997年，威尔士通过国民投票决定设立独立的议会。

北爱尔兰脱离了爱尔兰岛国

爱尔兰是一个海岛，位于不列颠岛的西面。爱尔兰岛大部分属爱尔兰国，历史上很长一段时间里属于英国，后来独立；而岛上西北角的一块属北爱尔兰，却属于分家后的英国。

北爱尔兰的首府是贝尔法斯特。市中心是多尼戈尔广场，广场上有市政厅大楼，建筑雄伟典雅，有罗马式的圆顶、希腊式的三角形山墙和立柱，被称为文艺复兴样式的杰作。该大楼建于1906年，被认为是该城市工业革命取得成功的见证。广场附近是繁华的商业

◉ 爱尔兰首府贝尔法斯特市政厅

⊙ 贝尔法斯特泰坦尼克号主题博物馆，讲述巨轮首
航即沉没的悲惨历史故事

街，在不远的地方能够看到一座酷似大本钟的钟楼，这是阿尔伯特
纪念钟楼，为纪念维多利亚女王的丈夫。

贝尔法斯特是北爱尔兰最大的工业城市，造船工业尤其发达。
首航即沉没的泰坦尼克号就是由这座城市的造船厂建造的，市区里
建有泰坦尼克号主题的博物馆，造型就像一艘破浪前进的巨轮。该
馆建成的时间是2012年，为的是纪念100年前发生的沉船事件。泰坦
尼克号号称是当时体积最大、最豪华、最坚固、永不沉没的游轮，
但不料首航即沉没。这件事极大地打击了人类因工业革命成功而产
生的盲目自大情绪，人们得到的最大教训就是明白了在大自然面
前，人类取得的任何成功都是渺小的，不值得丝毫骄傲。

到贝尔法斯特，一定要到"巨人之路"（Giant's Causeway）去
看看，此地在北爱尔兰北部海岸，处于"一日游"的路程内。我们
乘车一直往北来到了海岸边。顺着海岸边的道路往前走，看到的景
色只能用"震撼无比"来形容。蜿蜒长达8公里的海岸边，密集林立

◉　"巨人之路"的景观令人震撼

有近4万根巨大的石柱。这些石柱多为六边形，有的抱团耸立，如树林高耸于海岸，高度超过海平面12米，气势磅礴令人生畏；有的整齐排列，如基石平铺于地面，开阔如球场，好像是宫殿里的大理石地面；有的高高低低，走高像山坡昂头，下降似潮落波谷，如大海的波浪汹涌起伏。千姿百态的奇景，鬼斧神工的形态，令人惊叹。虽然我走过那么多地方，但这是一种从来没有经历过的奇妙感觉。

　　走在这样的梦幻世界里，领略眼前的魔幻奇景，很容易联想到超自然的力量，只有神话世界里才能呼唤出神秘力量完成如此巨大的工程吧，当地也有这样的传说。据说，远古时代有一个力大无穷的爱尔兰巨人，听说苏格兰也有巨人，不服气想去挑战。他顺着一条山路往前奔走，等到了苏格兰偷偷一看，眼前的巨人比自己高大很多，吓得扭头就往回跑。惊慌之中深一脚浅一脚，踩出了这条"巨人之路"。上千年流传的神话，最后终于被地质学家们破解了，是六千多年前火山喷发时流出的熔岩，冷却后形成了这些巨大的石柱。当地人将"巨人之路"说成是世界第八大奇迹。

从人种上说，爱尔兰人除了凯尔特人居多外，也有北欧人、诺曼人等的后裔。历史上的一段时间里爱尔兰从属英国，后来独立，独立的原因是英国治理不善，也因为爱尔兰人酷爱自由。而岛国独立时，北爱尔兰却选择了留在英国，原因与宗教信仰有关。

公元5世纪时，天主教信仰传入爱尔兰。12世纪末，英王亨利二世率军登陆爱尔兰岛，开始了长达几百年的军事占领和政治征服活动。世代居住的当地居民们被驱赶到偏僻荒凉的西南部地带，英格兰人、苏格兰人则大量移民到岛上，集中居住在北爱尔兰区域里，因为这里离不列颠岛更近，中间只相隔着一条海峡。自宗教改革以来，新移民多数信奉新教，与主要信仰天主教的原居民格格不入。到17世纪末，爱尔兰岛完全被英国控制，治理。

18世纪时在北美独立战争（1775—1783）、法国大革命（1789）的影响下，爱尔兰人发动了大规模的反英起义。英国当局进行了残酷的镇压，并于1800年通过了《联合法案》，正式将爱尔兰纳入了大英帝国的版图。合并以后，新教被宣布为爱尔兰国教，而天主教徒则被剥夺了基本的政治和公民权利。英爱之间的民族矛盾更加激烈了，爱尔兰人争取民族解放的斗争不断高涨，每次独立运动都动摇了英国的统治基础。终于在1921年12月6日双方签订《英爱条约》，爱尔兰独立。

虽然爱尔兰独立了，但以英格兰移民后裔和新教徒为主的北部6个郡拒绝独立，选择继续留在英国，以地区的身份加入英国。北爱尔兰由4个单元组成，其中3个是邦、1个是地区。1998年，工党政府在北爱尔兰签署和平协议后，同意北爱组建地方自治政府。2002年10月14日，英国政府宣布中止北爱地方自治政府的运作，把北爱尔兰地区的治理权重新收归中央政府。2007年5月8日，北爱尔兰地区4个党组成的联合政府宣誓就职，意味着北爱正式恢复了自治政府。

大不列颠亮相

英国的国家全名叫什么？叫"大不列颠及北爱尔兰联合王国（The United Kingdom of Great Britain and Northern Ireland）。组成英国的国土是：大不列颠岛上的英格兰、威尔士和苏格兰，爱尔兰岛的北爱尔兰，以及一系列附属岛屿。此外，它还拥有14个海外领地，总人口超过6600万，其中以英格兰人为主体民族，占全国总人口的83.9%。

英国从一个孤悬海外的岛国，经过工业革命的洗礼后，走过了一条极其艰难、危机四伏、充满陷阱的道路，但是英国人充满了前进的勇气，勇于开拓，克服一个又一个困难，攻克一座又一座山头，继小胜为大胜，一度成为深远影响世界的强国。经验值得总结，教训值得吸取，英国是一个实现工业化、城市化、现代化的样板，值得好好研究。

"日不落帝国"的辉煌

伦敦塔里的刀光剑影

英国王室的宫殿大概有三处，温莎城堡前面已经说过，另外两处是伦敦塔和白金汉宫，都在伦敦市区里。

一天下午，风和日丽，我们来到了伦敦塔。泰晤士河由西向东穿过市区，伦敦塔就坐落于河北岸。伦敦塔桥就在附近，像高楼巨门一样地跨越波涛汹涌的泰晤士河。壮观的景色成为伦敦城里最重要的地标之一。

伦敦塔古堡就在塔桥的西侧。河岸宽阔的草地上，建有一处规模巨大的古堡宫殿，绿树茂密难掩该城堡巨大的身躯，城墙环绕，高大厚重，门深窗小。墙头上有箭垛、隐蔽处有枪洞，有许多暗道机关，是易守难攻的军事要塞、难以攻破的堡垒。

墙里有暗堡，堡内有内城，城墙里面有许多宫殿塔楼，最高的一座建筑是四方形的高楼古堡，四角上有圆塔，用乳白色的石块建成，故称之为白塔。白塔的建筑风格为诺曼式，是古堡里边最雄伟的一座大楼。城堡里还有军械库、铸币厂、天文台、国库、教堂、动物园、小码头等，构成一个小型的城镇。

◉　伦敦塔桥的雄姿令人百看不厌

　　伦敦塔之所以被称为古堡是因为历史悠久，最早的历史可以追溯到罗马时代。罗马军队以此为阵地保护小城镇，也就是伦敦城的前身——伦迪尼乌姆。公元11世纪，征服者威廉（1066—1087）在这里破土动工修建了最早的军事要塞。从那个时候起，古堡与英国王朝的命运紧紧地联系在了一起。白塔就是建于此时，从此伦敦塔成为英国中世纪的经典城堡。13世纪时，后人在白塔外围增建了13座塔楼，形成一圈环形拱卫的卫城，使伦敦塔既是一座坚固的要塞城堡，又变身成为富丽堂皇的宫殿。

　　伦敦塔作为英王宫殿的最后时间是17世纪，当时的国王是詹姆士一世。当作监狱最后的时间是二战期间。从那以后伦敦塔被辟为旅游景点，吸引了众多游人。我们进入伦敦塔，先后参观御宝馆、兵器馆、教堂等各处主要景点。我感觉最值得看的是御宝馆，珍藏在馆内的奇异珍宝不计其数。例如，有大如鸡蛋的"非洲之星"钻石（重达530克拉），这颗钻石镶嵌在一根拐杖上；有女王皇冠上的那颗产自印度的"科希内尔"大钻石；有一项名叫"帝王之冠"的王冠，上面镶了2800多颗钻石。

　　行走在伦敦塔里，感觉与欧洲许多王宫不太一样。有一些王

⦿　伦敦塔不能不来，这里隐藏着英国皇室最隐秘、血腥的故事

宫富丽堂皇，陈设极其奢华，以显示帝王至高无上的气派；而伦敦塔更像是欧洲贵族那种深藏不露、防御森严的城堡。能够见到古堡大门口的草坪上摆着一些锈迹斑驳的古炮，炮口对准泰晤士河对岸，时时提防着心怀叵测的强敌。走过低矮坚固的石门，进入阴森森的地道走廊，黑暗中仿佛见到闪烁的刀光剑影，也许这里曾经出现过许多场造反武士与皇家守军搏斗的场景。古堡里有众多的房间密室，曾经策划出无数争权夺利的阴谋诡计。古堡里也有监狱和刑场，监狱里关押着重要的囚犯，其中有被认为怀有野心的国王兄弟、失宠的王后，甚至有被怀疑未来有可能对王权形成威胁的王子等，其中多数人被处死在刑场。总之，古堡给人留下的印象是战斗的阵地、防御的要塞，各方豪强为了占领岛国而打得你死我活；这里是争夺权力的舞台、收藏财富的宝库，一代代有野心、有抱负的王室成员都在这里玩命搏斗，最后胜者为王享荣华富贵，败者为寇掉了脑袋。

现在要重点讲述一下伊丽莎白一世的故事，她曾经在古堡贝尔塔中被关押了一段时光，英国就是在她执政时期开始迅速崛起。她怎么会被关进监狱呢？因为她出生在帝王家。她父亲是英王亨利八世，母亲是王后安妮·博林，伊丽莎白曾被指定为王位继承人，但她3岁时，母亲安妮·博林被判叛国罪而被处死，她的继承人身份也被父亲剥夺，从"公主"变成了"伊丽莎白小姐"。

第二年，父亲亨利八世迎娶新王后生了男孩爱德华（后来的爱德华六世）。1547年，亨利八世去世，爱德华六世继位。身体不好的爱德华国王没过几年也病逝了。玛丽一世（伊丽莎白的姐姐）宣布继承王位。玛丽信奉天主教，她逼迫伊丽莎白改信天主教。伊丽莎白表面上应付，实际上仍是新教徒。伊丽莎白20岁时遇到了宫廷政变。一名新教军官打着拥立伊丽莎白的旗号发动叛变却兵败。伊丽莎白坚决否认自己了解和参与兵变，姐姐玛丽一世半信半疑，将妹妹在伦敦塔里监禁了两个月。

1558年玛丽一世逝世，25岁的伊丽莎白继位。伊丽莎白一世名叫伊丽莎白·都铎（1533—1603），是都铎王朝的最后一位英格兰及爱尔兰女王，同时还是名义上的法国女王。

如果要概括伊丽莎白一世女王执政的特点，感觉选择"宽容"一词比较合适。她对天主教和新教实行兼容政策，让不同的教徒能够和平共处；她实行稳定

◉ 笔者在伦敦塔隧道里待了一会儿，仿佛见到当年宫廷中的刀光剑影

政治政策，努力维护英格兰的统一。英国人喜欢用一个事例说明女王的大度。莎士比亚的《哈姆雷特》上演时，女王坐在台下看戏。当演员说出"脆弱啊，你的名字是女人！"这句名言时，人们担心这句话冒犯了女王。但女王看得兴致勃勃，毫不在意。她一生为人谨慎，喜欢的座右铭是"我观看，而且我沉默"。了解万象，洞察世事，了然于胸，但不轻易表态，作一名"无为而为"的君主，就是伊丽莎白一世的智慧。

就是在伊丽莎白一世执政期间，英国资本原始积累迅速发展，大力发展航海事业，打败了西班牙无敌舰队，初步建立了海上霸权。1584年，英国航海家沃尔特·雷利开辟了英国在北美洲的第一块殖民地，将它取名为"弗吉尼亚"（Virginia，中文的意思是"处女"）。这个名字是献给女王的，因为伊丽莎白一世女王为了国家的利益终身未婚，以此名表示对他们爱戴的"童贞女王"的敬意。而英国的对手则这样评价女王："这只凶狠的老母鸡一动不动地蹲着，孵育着英吉利民族；这是民族初生的力量，在她的卵翼下，快速地变成熟、变统一了。"女王的智慧为英国赢得了统一，也赢得了发展的时间。

女王执政的半个世纪里，伦敦城的面积扩大了1倍，1600年时人口超过20万，成为欧洲第一大城市；英格兰成为欧洲最强大和最富有的国家之一。

1603年3月24日，伊丽莎白一世逝世，享年70岁。由于女王一生未婚，她的死结束了都铎王朝。王位的继承人是詹姆士一世，都铎王朝为斯图亚特王朝所取代。

◉　女王居住的白金汉宫高贵典雅

白金汉宫的荣耀

这天上午我们来到了白金汉宫。

导游先将我们带到了街心广场一座高高矗立的雕塑下，这里是观看白汉金宫的最好角度。眼前的宫殿是一座四方形、5层高的建筑。绿色的草坪宽阔平展，茂密的树林环抱四周，在灿烂的阳光照耀下，灰白色的宫殿披上了一层斑驳的金光，眼前的景色美极了。"白金汉宫"英语是Buckingham Palace。buck在非正式用法里有钱的意思，ham是火腿，翻译为"白金汉"，音译意译俱佳，十分传神。导游指着宫殿屋顶旗杆上飘扬的旗帜告诉我们，今天挂的是君主旗，说明女王在宫中；如果女王离宫出门，旗杆上就会换成英国国旗。

　　导游介绍说："白金汉宫共有775间厅室，包括典礼厅、音乐厅、宴会厅、画廊……"依我看来，白金汉宫规模不算特别大，但环境空旷，皇家御花园与附近的公园景色连成一片，旁边没有高大建筑，宫殿显得雄伟，与环境十分协调。

　　导游继续介绍说："白金汉宫始建于1703年。1837年维多利亚女王登基后，将白金汉宫正式确定为英王宫廷。女王每天在这里办公，召见首相、大臣，举行国事活动，接见国外政要和贵宾，举办庆典、宴会和其他活动……"

　　突然传来一阵军乐声，只见军乐队吹着大喇叭、小军号，敲打着军鼓，列队奏乐，乐曲铿锵，不知今天是什么日子。军乐声感染了游客，也给白金汉宫增加了喜庆的气氛。不一会儿，一队人高马大的马队咔哒咔哒快步走来，骑马的士兵们身穿红色制服，头戴喇叭形的金色尖帽，手持闪闪发亮的马刀，威风英俊帅极了。不一会儿，皇家卫队也开始举行换岗仪式，卫兵身穿红色制服，肩扛刺刀长枪，身材笔直，动作潇洒。最引人注目的是头上戴的那顶烟囱式的黑色大绒帽，帽子太深遮住了眼睛。队友中有人笑问："你说他

◉　英俊潇洒的皇家骑兵
　　卫队，每天在白金汉
　　宫周围巡逻表演

◎ 白金汉宫前的维多利亚纪念碑，顶上
是胜利女神雕像，表现出英国国力强
盛的霸气

们能看清前面的敌人吗？"

我开始仔细地观察身后的纪念碑。这座碑名叫维多利亚女王纪
念碑，顶上有站立的胜利女神雕塑。只见她展翅欲飞，象征着英国
向海外发展的雄心；黄金身躯，表达出皇室再创造维多利亚时代光
辉的愿望。维多利亚女王的时代是英国最最辉煌的时期，应该重点
讲一下她的故事。

维多利亚是乔治三世的孙女，我们曾在苏格兰格拉斯哥市的乔
治广场上见到过乔治三世的雕像。乔治三世的儿子爱德华王子就是
维多利亚的父亲，她母亲是比利时国王利奥波德一世的姐姐维多利
亚公主。维多利亚是一位生在帝王家的公主，而且是独生女。1837

年6月20日，英国国王兼汉诺威国王威廉四世去世，年仅18岁的维多利亚继位。我在写《德国文明与工业4.0》一书时说到了这件事。维多利亚女王即位时，由于德意志地区的汉诺威王国施行萨利克法，不承认女性继承王位，汉诺威王位由她的一位叔父继承，从此汉诺威与英国没有了关系。

与伊丽莎白一世终身未婚不同，维多利亚女王有一个幸福的家庭。她的夫婿是她的表弟阿尔伯特亲王。夫妇共生育有9个孩子，儿孙们与欧洲许多王室联姻，从而让维多利亚女王有了"欧洲的祖母"的称号。

1837年维多利亚女王即位时，英国已经完成了资本主义工业革命。在英国达到鼎盛时期的1860年前后，其生铁产量占世界的53%，煤和褐煤的产量占世界的50%，消费的原棉占世界原棉产量的50%；其现代工业的生产能力相当于世界的40%—50%或者欧洲的55%—60%；其人均工业化水平是法国和美国的3倍，是中国和印度的15倍和20倍。英国始终保持着相当于其他国家海军两倍以上的强大海军，而其实际战斗力有时可能超过任何别的国家三支海军或四支海军，基本上相当于除英国外世界其他海军实力的总和，悬挂英国国旗的商船队占世界商船队的三分之一还多。大英帝国号称"日不落帝国"，它的殖民地曾遍布世界，伦敦是世界贸易中心、金融中心、政治中心和新闻中心。（资料来源：保罗·肯尼迪《大国的兴衰》，第8页）

这里单独说说英国与中国的关系。两国间的贸易最早始于茶叶、丝绸等。英国人非常喜欢来自中国的奢侈品，他们想卖给中国工业品，但中国是一个自给自足的国家，英国的商品难以大量销售。为了扭转对华贸易逆差，英国商人开始在英国政府的支持下倾销鸦片，严重伤害了中国。1839年，林则徐在虎门销烟。中国维护国家利益的正当做法却惹恼了英国。1840年，经议会投票，以微弱优势通过"向中国发动战争"的决定，导致第一次鸦片战争爆发。

维多利亚在位的时间长达64年（1837—1901）。这段时间是英国"日不落帝国"最强盛的时期，史称"维多利亚时代"。国力强盛的英国对世界产生了极强的影响。世界上许多河流、湖泊、沙漠、城市、港口、建筑物等都是以维多利亚命名的。1901年1月22日，维多利亚女王去世，享年82岁。

伊丽莎白一世与维多利亚女王是英国著名君主，王权双雄。可以对两位女王做一个比较：两人的任期都很长，伊丽莎白一世在位45年，维多利亚女王在位64年。两人都是英国女王，但具体头衔不一样，伊丽莎白一世是英格兰及爱尔兰女王；而维多利亚女王是不列颠及爱尔兰联合王国女王，后来又兼印度女皇。伊丽莎白一世终身未婚、最大限度地保护了英国的利益；维多利亚女皇却有个幸福的家庭，对国家的长治久安大有好处。伊丽莎白一世时，英国在大航海时代快速发展，开始崛起；维多利亚时代，英国开始工业革命，走向辉煌。伊丽莎白一世时播下种子，维多利亚时代收获到丰硕的果实。

帝国从辉煌的顶峰跌落下来

中午日正中天时，人们难以察觉到太阳其实已经开始偏西。英国在维多利亚时代的情况就是这样，在为维多利亚女王举行隆重葬礼时，谁也没想到这时"日不落帝国"的帷幕开始落下。

大英帝国在海外有众多的殖民地，但庞大的殖民地也是英国衰落的原因。要维护殖民地体系，必须不断注入巨大的资源。战线拉得过长了，就成为英国财政沉重的包袱。压榨殖民地，虽然为英帝国带来了滚滚财源，但是统治和治理这些殖民地也要付出巨大的成本。从殖民地攫取财富太容易了，既然钱来得这么容易，谁还愿意再花苦功夫发展工业去赚辛苦钱？由于不再从事生产，英国人的创造力也开始枯竭。于是一个生气勃勃创新生产的英国，渐渐变成了寄生在殖民地身上的吸血虫。上层社会过着花天酒地的奢华日子，民众也能享受到残羹剩饭而满足于过温饱日子，英国的衰落不可避免。同时，英国的外部环境也发生了极大的变化，工业革命的效应迅速扩散，后起之秀开始出现，他们利用后发优势迎头赶上，弯道超车。

当英国人从陶醉中猛然惊醒想要改变被动局面时，已经来不及了。欧洲大陆上德国迅速崛起，变成可畏的对手。大西洋彼岸的美国揭竿而起独立后，成为新的工业大国，而且这个新大陆国家，国土宽广，人员众多，工业发展的潜力更大，势头更猛。于是经过两次世界大战后，"识时务"的英国将"超级帝国"的桂冠移交给了美国。

文明荟萃的大英博物馆

世界最大的博物馆

我每次来到伦敦都要抽时间参观一下大英博物馆。因为它馆藏太丰富了，一次只能看一小部分；更因为它是世界最大规模的文物宝库，可以感受到人类各种各样文明同台媲美竞秀的万千气象。

大英博物馆的建筑气派而典雅。大门口有16根希腊爱奥尼式的柱子，柱身纤细秀美，头披"鬈发"（专业名字叫"涡卷装饰"），女性味道十足；大门顶上的三角门楣上有精美的人物雕刻，也完全是希腊式的艺术风格。仅从这一处，就能感受到希腊建筑文化对英国产生了多深的影响。进入大门，是一个广场大厅，上面覆盖着构图奇妙的玻璃天窗，这是欧洲最大的天棚广场。中间有一个像谷仓式样的圆形建筑，里面是博物馆的阅览室。

大英博物馆建馆于18世纪，此时正是英国工业革命高歌猛进的时代。1759年，博物馆正式对公众开放。据资料介绍，大英博物馆是世界上历史最悠久、规模最宏大的综合性博物馆，是世界四大博物馆之一。其他三个馆是巴黎的卢浮宫、圣彼得堡冬宫的艾尔米塔什博物馆和美国的大都会博物馆，也有一种说法还包括西班牙的普

⊙　大英博物馆里面的馆藏非常丰富，号称世界博物馆之首

拉达博物馆。以上这些馆我都去看过，确实感觉世界一流，名不虚传。而大英博物馆算得上博物馆之首，常年对外开放的固定展馆有70个，面积约7万平方米，其中比较有名的有埃及文物馆、希腊和罗马文物馆、东方艺术文物馆（包括中国馆）等，藏品多达800多万件。该馆收藏了世界各地的许多古代文物和图书文献珍品，藏品之丰富、种类之繁多为全世界博物馆所罕见。

博物馆的馆藏太多了，没有办法一一介绍，只讲几个镇馆之宝的故事吧。

先讲埃及罗塞塔碑（Rosetta Stone）的故事。1798—1801年间，拿破仑率法军征战埃及，跟随军队的还有上百名考古学家和其他领域专家学者。1799年，在埃及一个名叫罗塞塔的小村庄里，士兵们

修筑工事时挖出了一个残破
的黑色玄武岩石碑，碑高1.14
米、宽0.73米。石碑上有一些
谁也不认识的文字。石碑被运
送到开罗进行研究。后来法军
被英军打败，罗塞塔石碑作为
战利品落到了英军手里，最终
被大英博物馆收藏。

◉ 雅典帕特农神庙里的"额尔金石雕"

　　欧洲许多文字专家都设法破解黑石碑上的文字。后来有一位名
叫商博良的法国语言学家，发现石碑上古埃及象形文字、古埃及世
俗体文字和古希腊文三段文字，说的是同一件事。他从古希腊文入
手，最终破解了碑上的其他文字，于是打开了神秘的古埃及象形文字
的大门，古埃及学由此诞生。这是世界考古史上的重大事件。

　　其次讲雅典帕特农神庙上"额尔金石雕"的故事。几年前我去
希腊雅典，爬上卫城山顶去看世界著名的帕特农神庙。眼前的神庙
被战火摧毁焚毁得只剩下一个空
架子，好像是野地里死去多年的
猛兽留下的一副骨架，让人心中
不好受。

　　帕特农神庙是雅典人为祭祀
雅典娜女神而修建的神庙。公元5
世纪时，神庙已经被土耳其人毁
坏过一次。神庙里巨大的雅典娜
神像被劫掠到君士坦丁堡，神庙
被改成教堂、清真寺和火药库。
1687年9月26日，作为土耳其人军
事基地的雅典卫城遭到威尼斯军
队的围攻，军队首领名叫莫罗西

◉ 半人马浮雕也来自雅典帕特农
神庙

⊙ 拉美西斯二世是埃及最著名的法
老。这座法老雕像是珍品

⊙ 法国语言家学者商博良凭着这块罗
塞塔石碑，破译了古埃及象形文字

尼。威尼斯军队的大炮射向神庙，引起军火库大爆炸。大火烧到第二天才熄灭，希腊建筑奇迹的帕特农神庙被彻底毁坏。

站在神庙废墟前，我们听导游讲述一个英国人盗走神庙里许多珍贵精美浮雕的经过。这个英国人是贵族，名叫托马斯·布鲁斯·额尔金。他早年从军，官至上将，后来变身为外交官，任英国驻奥斯曼帝国大使。希腊当时处于奥斯曼帝国统治下，此人就开始充分利用自己的权力捞好处。他买通当地高官，得到一纸特许证，雇用300多名工匠，一年内将神庙近60%的雕塑拆卸下来。石雕装满了200多个大箱子，装在英国皇家的舰船上运到了伦敦。后来英国政府收购了这批文物，交给大英博物馆收藏。对额尔金利用职权盗取他国文物的做法，英国政府应该是持赞成和欣赏的态度；但是许多英国民众并不认可，英国著名诗人拜伦就斥责额尔金是"一个'苏格兰劫盗者'，使得英国蒙耻"。后来希腊政府一再要求英国政府归还这组帕特农神庙浮雕，但遭到历届英国政府的拒绝。

顺便说一件事：额尔金的后代在中国也干了一件骇人听闻的暴行。1860年（咸丰十年）英法联军进攻北京。老

◉ 中国东晋画家顾恺之的画作《女史箴图》（唐摹本）珍藏在大英博物馆里

额尔金的儿子詹姆斯·布鲁斯·额尔金是侵华军队的头目，正是他于该年10月7日下令烧毁了圆明园以掩盖强盗们的弥天罪行。真是罪大恶极的一对父子！

第三个镇馆之宝来自中国，这个故事在下一节讲述。

大英博物馆中的中国文物

博物馆中来自中国的文物非常多，因此开辟33号展厅专门陈列。中国文物几乎囊括了整个艺术类别，远古石器、商周青铜器、魏晋石佛经卷、唐宋书画、明清瓷器等，各个时期的文物都有，门类齐全，数量众多，其中许多是国宝级的文物精品。联合国教科文组织2006年披露了有关数据，中国流失到海外的文物多达164万件（这个数字没有包括海外私人收藏的中国文物，估计在10倍以上），被世界47家博物馆收藏。其中大英博物馆收藏的中国文物数量最多，达2.3万件。33号展厅里仅陈列了2000余件，占收藏总数的1/10。

⊙ 莫高窟经卷

⊙ 2019年，笔者再次来到敦煌莫高窟，特地去看
藏经洞，洞窟空荡荡的，什么都没有了

现在开始介绍第三件镇馆之宝——中国东晋顾恺之（348—409）的画作《女史箴图》（唐摹本）。此画的价值在于它是中国最早专业画家的杰作之一，也是当今存世最早的中国绢画，公认是中国的超级文物国宝。实际上顾恺之的原作已经失传，传下来的是两幅摹本。其一收藏在北京故宫博物院；其二就是收藏在大英博物馆中的这一件。故宫收藏的是宋代摹本，纸本墨色，水平稍逊；而大英博物馆的是唐代摹本，不光时间更早，材质也不同，绢本设色，因此更为珍贵。

摹本怎么落入英国人手中的呢？唐摹本是乾隆皇帝的案头爱物，原来收放在皇家宫殿里。1860年英法联军入侵北京时，英军一名大尉军官从圆明园中盗得此画，1903年被大英博物馆收藏。这幅画成了大英博物馆的镇馆之宝，但看此画的中国游客心头在流血！

33号馆里陈列的来自敦煌石窟的经卷图册，是中国人心中的另一个痛点。著名国学家陈寅恪曾痛心地说："敦煌者，吾国学术之伤心史也。"

我到过敦煌莫高窟，特意到第17窟去看了藏经洞。莫高窟早期的守护人是道士王圆箓，在他清理洞窟时偶然发现了藏经洞。1907年，英国人斯坦因到中国考古寻宝，当他来到莫高窟见到了经卷后，惊喜得眼睛里直冒火花。但他不露声色，利用王道士的无知，用极低的价格收购了大量的经卷。后来他在考古报告里得意洋洋地写道："当我今天回过头来检视我用4锭马蹄银换来的无价之宝时，这笔交易简直有点不可思议。"敦煌藏经洞里发现了4万多件经卷，大英博物馆竟然收藏了其中的1.3万件。因为斯坦因的"贡献"，大英博物馆将存放经卷的藏室命名为"斯坦因室"。

后来再经过法、日、美、俄等国探险家的掠夺盗窃，莫高窟藏经洞里的绝大部分经卷流散到了世界各地，国内仅剩下极少部分。经过斯坦因和其他外国学者的转移、整理、研究、宣传，敦煌图文的研究成了重要的专业学术，影响越来越大，为世界学术界所关注，终于在20世纪30年代形成为"敦煌学"。大英博物馆的敦煌经卷收藏反而成了敦煌学的重要研究资源。

博物馆后面的英国国力

我一整天都泡在大英博物馆里，尽管看到了大量的文物宝藏，但相对于博物馆的海量藏品只能说是一星半点。尽管如此，仍然感觉眼界豁然开阔，收获极大，感觉受到了一次次极大的思想冲击，思绪万千不能自已；在历史的长河中观察每一朵浪花的形态，思索其中的意义。

首先，馆藏的丰富折射出国家的实力。

大英博物馆馆藏丰富，该馆建立时正是英国国力最强的时代。工业革命时代的英国，现代化步履轻快，一步领先，步步领先。科技带动了工业，工业制造出了先进的枪炮，枪炮武装了军队，军队打头占领了殖民地，商人打开了世界各地的市场，搜刮包括文化在内的各种资源。乘英国工业革命之雄风，凭英国游弋四海的舰船之实力，靠手持长枪火炮军人的恶霸威胁，借国库雄厚资本的收买，打开世界各国宝库，劫取了无数珍宝。不管这些文物是抢劫来的、偷盗来的、还是蒙骗来的、购买来的，都收进到了大英博物馆里，大英博物馆就成为世界最著名的博物馆。

其次，国力强盛后重视文化的发展。

饿殍满野的地方，民众的眼睛盯着面包；饱受战火摧残的国家，人们关心的是如何保平安；富足的国家，人们才有兴趣关注文化建设。强盛的英国最早认识到了文化的重要性。大英博物馆的馆藏可以证明这一点。

英国强盛以后，对历史文化的感觉不同了，他们开始拼命地收藏文物古董。他们不仅重视自己的文化，也关注欧洲的文化，对全世界的文化都有兴趣。由于国力强盛，有能力从世界各地搜集文化精品，于是大英博物馆的宝贝就越来越多。在收集文物这一点上，英国之外还有法国、西班牙、俄国，再后来美国也成为文物的收藏中心，出现了世界几大博物馆。

文物是历史的凝固物，是文明的结晶，是各国各民族文化的根。像植物一样，文物只有在它出生的地方才能长得更好；只有在熟悉的故乡里，它才能待得自在、活得滋润，也才能对当地的文化更好地发挥出榜样、示范、号召、引领作用。真希望这些文物保存在创造出它的故国，而不是英国；我想文物最终能够回到老家，这只是个时间问题吧。

最后，博物馆是不同文化交流的平台。

大英博物馆成为人类文明成果展示的场地、各国文化交流的平台，对东西方文化进行比较研究的机构，这一点是有利于多种文化的繁荣、人类文明发展的。参观大英博物馆，让人感觉到人类的文化多么丰富多彩，灿烂辉煌的文明成果多么让人喜悦和骄傲。也正是丰富的多样性和明显的差别性，才让人类能够互相学习借鉴，让文化交流得更好、更健康。

为什么马戛尔尼见皇上不下跪

马戛尔尼访问中国的礼仪之争

公元1793年，中英两国外交史上发生了一次重大事件，英国派出庞大的外交团首次拜访中国。这是东西方两个实力最强的国家首次直接接触，但是，后来的进展说明，英国当时过高地估计了中国的国力；而中国对孤悬于大西洋的不列颠岛国的实力情况基本上不了解，也不愿意了解。如果当时大家彼此尊重，好好坐下来谈判，达成合作的协议，这次事件也许能够成为中国学习英国工业革命经验的一次历史机遇，但是机会被傲慢的中国皇帝轻率地放弃了。

事情经过是这样的。1793年，英王乔治三世派遣一位名叫乔治·马戛尔尼的贵族，率领使团以给乾隆皇帝祝寿的名义抵达中国。给皇上祝80岁寿辰只是一个说辞，因为皇帝时年82岁，"80大寿"已经过去两年。英国使团真实的目的是商谈建立两国的通商关系，打开中国市场。为此次活动出资的并不是英国政府，而是东印度公司，更证明了"派使团是为做生意"这一点。使团规模很大，成员80余人（包括天文数学家、艺术家、医生等），另有护送的兵士95名；携带的礼品包括望远镜、地球仪等天文仪器，前膛枪等武器，英国最先进的军舰模型，以及钟表、图书、毯毡等，装了满满600箱。

8月，使团抵达北京。首先遇到了该以什么样的礼仪拜见皇上的问题。中方的观点，当然应该按照中国的规矩行三跪九叩之大礼。对此马戛尔尼坚决不同意，他认为应该按照西方各国的外交礼仪执行。最多可以参照他拜见英国国王时的礼仪：单腿下跪并亲吻国王的手。

两国官员为此事绞尽脑汁，争论很久。最后是聪明圆滑的和珅安排好了这件事：他同意按照马戛尔尼的意见办，但是行礼的地点安排得离皇上比较远——让眼神已经不太好的乾隆皇帝看不大清楚洋人到底行的是什么样的礼。吻手礼可以免去，中国人实在感觉此举动怪怪的；更要提防可能的刺客近身，皇上的安全可丝毫马虎不得。

笔者也在琢磨这件事，马戛尔尼当时为什么见皇上不愿意行大礼？按理说，你是客，来到主人的土地上应该客随主愿，按照主人的规矩办事。这并不是故意难为你，这是中国通行的礼数啊。按照中国当时的"朝贡体系"，藩属国的客人到中国必须这样做；西方国家虽不属于这个体系，但可以参照执行，比如荷兰大使拜见中国皇帝时就行这种大礼。但是反过来想一想，如果中国使者到英国拜见女王，要求单腿跪拜这个容易，但是要亲吻女王的手恐怕也接受不了。

我揣测马戛尔尼的不愿意，有国家的、个人的两方面原因。从国家原因说，当时的英国已经成为世界上最强的国家之一，不要说与中国相比英国可能更强，就算两家对等，也不应该行大礼。但是在中国人的眼睛里，英国不过是蕞尔小国，海外蛮夷而已。再从个人原因说，马戛尔尼不是普通人，是英国贵族，先后被王室封为男爵和伯爵。可以对两国的社会阶层做个比较：中国只有朝中的官员权贵和地方的豪绅，没有类似于"贵族"的阶层，对贵族头衔没有什么感觉；但是英国可不一样，贵族仅次于国王，有很高的社会地位，更何况马戛尔尼是当时英王乔治三世的表兄，属于皇亲国戚。因此，马戛尔尼有很强的自尊心并不奇怪。

"康乾盛世"败象毕露

尽管马可·波罗在游记中描写的中国境况已经过去了四个世纪，但是来中国的英国使团中多数人对中国的印象还停留在马可·波罗的记录里。他们相信，中国仓廪充实，黄金遍地，人人身穿绫罗绸缎，是"世上最美、人口最多、最昌盛的王国"。

这种情况不奇怪，当时的欧洲学者中对中国不吝溢美之词的大有人在。例如与乾隆皇帝同时代的法国大学者伏尔泰就说："如果说曾经有过一个国家，在那里人们的生命、名誉和财产受到法律保护，那就是中华帝国。"当然说中国坏话的人也不少。因此，马戛尔尼来中国时也带着许多疑问，想搞清楚。使团回国后，马戛尔尼和一些其他使团成员对中国的见闻做了详细的笔记，整理出版，比如使团成员斯当东所作的《英使觐见乾隆纪实》一书。

使团在中国的所见所闻，与他们心目中美好理想社会之间的反差之大，让他们大吃一惊："不管是在舟山，还是沿运河而上去京城的日子里，没有看到任何人民丰衣足食、农村富饶繁荣的证明——触目所及无非是贫困落后的景象。"

民众营养不良，瘦弱不堪。清政府沿途派一些老百姓上船为英使团提供端茶倒水、洗衣做饭的服务。英国人注意到这些人"都如此消瘦"，"在普通中国人中间，人们很难找到类似英国公民的啤酒大肚或英国农夫喜洋洋的脸"。

民众缺衣少食，极端贫困。清王朝接待外宾大手大脚，供应的食品多得吃不完都浪费掉了。使团将一些死去的猪、鸡鸭等扔下船去，只见岸上的中国人跳下海，将这些死畜死禽捞起来洗干净用盐腌好慢慢享用。每当使团丢弃食物，就会看到"他们每次接到我们的残羹剩饭，都要千恩万谢。对我们用过的茶叶，他们总是贪婪地争抢，然后煮水泡着喝"。

官兵随意欺压百姓。运河里船行慢，当地官员雇佣民众为英使团船队拉纤。由于付的工资太少，许多纤夫不愿意干，试图逃跑。逃跑者被抓回来后少不了挨打受罚。"他们总是被兵丁或什么小官吏的随从监督着，其手中的长鞭会毫不犹豫地抽向他们的身子，仿佛他们就是一队马匹似的。"英国人还看到，中国官员随意杖责平民，光天化日之下扒光他们裤子进行杖责，这种毫无尊严的惩罚让英国人瞠目结舌。其实马戛尔尼不知道，不要说平民，从明朝开始，皇上对朝廷大臣也曾打板子羞辱惩罚，有大臣甚至在杖责中被打死。

彼时中国的船舰技术已经过时落后。"巴罗惊奇地发现中国帆船很不结实……好像一阵风就可以使船只倾覆……航行技术是陈旧过时的。""（英国海军）只需几艘三桅战舰就能摧毁其（清朝）海岸舰队……"

马戛尔尼终于摸清了中国"金玉其外、败絮其内"的虚弱实情。他评价说："清政府好比是一艘破烂不堪的头等战舰，它之所以在过去150年中没有沉没，仅仅是由于一班幸运、能干而警觉的军官的支撑，而它胜过邻船的地方，只在它的体积和外表。但是，一旦一个没有才干的人在甲板上指挥，那就不会再有纪律和安全了。"

靠大炮取得了谈判桌上得不到的东西

英使团贵重的礼物送上了，接见仪式结束了，马戛尔尼拿出了贸易通商草案进行谈判。英方提出的要求大概有七项：开放宁波、舟山、天津和广州为贸易口岸；允许英商在北京开办一个贸易公司（行栈）；允许英商在舟山和广州附近分别有一个存货及居住的地方；恳请中方公布税率，不得随意乱收杂费；允许英国传教士到中国传教等。

乾隆皇上一看心里不悦，哦，你这是以祝寿为名，实际上想要做生意呀。他拒绝了英国人的要求："此则与天朝体制不合，断不可行。"他写了一封信让马戛尔尼带给英王乔治三世。信中说："天朝物产丰盈，无所不有，原不借外夷货物以通有无。"意思是：天朝富有四海，什么贵重物没有？我们从来不稀罕奇巧之物，没有什么东西需要向你们国家购买。

乾隆皇帝开始逐客，让英国使团早日离去。马戛尔尼的外交之行完全失败。使团的一个名叫安德逊的成员写道："我们的整个故事只有三句话：我们进入北京时像乞丐，在那里居留时像囚犯，离开时则像小偷。"

关于这次英国外交失败，以前听说是因为礼仪之争，乾隆皇上生气而拒绝了英国。其实实际情况要复杂得多。当时的清朝皇帝并不是完全不了解英国，也不是对欧洲发生的工业革命完全无动于衷，而是另有隐情。

其实在英国工业革命席卷欧洲时，中国人已经听说此事了。明朝时，从朝廷大官到平民知识分子都对西方科学表现出了浓厚的兴趣，无论是翻译著作，还是学习研究都在进行。但是到了清代，统治走向极端专制，在官府的严格限制下，社会越来越封闭，对外界的研究中断，民众变得愚昧无知。

英使团来到中国要求建立两国通商的渠道时，清朝的皇上和大臣们对英国并不是完全不了解，对使团带来的礼物也不是完全不感兴趣，而是隐隐感觉到了英国对清帝国的潜在威胁。因此，以礼仪之争为借口拒绝了英国。虽然英国使团提出了若干苛刻的要求，也许只不过是一种"漫天要价，就地还钱"的谈判技巧，但清朝廷的态度是根本就不想谈。

其中隐藏的深刻原因是，清朝皇帝绝对不容许中国民众接触西方的新思想和新技术，因为这会对皇朝的统治产生威胁。康熙、雍正、乾隆皇帝常被认为是比较有作为的皇帝，因此中国历史上有"康乾盛世"之说。皇帝个人可能会喜欢西方的科技产品，康熙帝甚至有兴趣学习研究西方的代数、几何、天文、医学等方面的知识，并且颇有心得，但也仅限于个人爱好，绝对不允许变成国家行为。在皇帝看来，经济发展不发展没有关系，设法保住皇族政权才是头等大事。

因此乾隆皇帝有意要拒绝英国，就用礼仪之争做借口。而后来英国也对礼仪之争大做文章，将清朝描绘成一个傲慢无知、完全不讲道理的帝国，以此来说明他们用武器打破清朝闭关锁国的藩篱是有道理的。说来说去，侵略者成了正义方，掠夺者成了有理方，受害者反而成了无理一方。由此可以看到西方舆论宣传手段的厉害。

马戛尔尼的通商请求和送来的礼物，更是引起了乾隆皇帝的戒心。他感觉到了英国国力的强盛，也看到了英国的心怀叵测。因此，英国使团离京后，乾隆颁布了很多加强军事防御、防止英国袭击的圣旨。下令各地要严守海防口岸，做好防御的军事准备，特别是舟山和澳门地区；要提前备兵，防止英国人进犯。

但实际上，此时的中国与英国之间已经有了很大的差距，并且是农业生产方式与工业生产方式的代级差距。历史有自己的发展逻辑，当时的英国就像一架轰隆隆向前行进的火车，就算立即停车，巨大的惯性也会推着它继续前行。而当时的中国已经难以招架，对此乾隆肯定不明白。

表面上看，当时的清朝仍然是一棵茂盛的大树，枝叶繁茂，但是实际上树干已经被蛀虫蛀空了，如果有外界强力的撞击，大树一定会倒下。果然，马戛尔尼暗藏威胁意味的言论，促成了英国坚船利舰后来打破中国国门的行动；而中国在英国战舰大炮的威胁下，签订了丧权辱国的《南京条约》。

英国人在谈判桌上没有得到的东西，最终靠着炮舰全部得到了。

第六章

中国破解工业革命的秘密

中国的工业化道路步履艰难

经过一系列挨打屈辱事件后，中国人终于醒悟：国之强弱不在于大小，而在于生产方式。农业国是打不过工业国的，只有走工业化道路，国家民族才有前途。于是中国人民前仆后继开始了工业化的尝试。然而，中国工业化的道路十分曲折，艰难，可以用步伐蹒跚，满身伤痕来形容。近代以来，中国进行了四次工业化转型，前三次都没有成功。

一、中国的第一次工业化（1861—1911年）

在第二次鸦片战争中再次被英国击败之后，清政府开始了使落后国家经济现代化的雄心勃勃计划，包括建立一支现代化的海军与国家工业体系。

先是由曾国藩、左宗棠、李鸿章推出洋务运动。他们认为，中国挨打是因为器不如人。李鸿章说："中国文武制度，事事远出西人之上，独火器万不能及。"1861年，同治皇帝钦准了《通筹夷务全局酌拟章程六条》，开始启动轰轰烈烈的洋务运动，学习西方，开工厂，制机器，铸大炮，造轮船。洋务派采用西方先进生产技术，

创办了一批近代军事工业，其中有曾国藩创设的安庆内军械所、李
鸿章成立的江南制造总局、左宗棠开办的福州船政局等。洋务运动
持续了30年，但收获很少；依然是朝廷债台高筑，民众一贫如洗，
国家风雨飘摇，神州大地满目疮痍，民众盼望的工业体系无影无踪。

在1894年的甲午海战中，清朝引以为傲的北洋水师全军覆没，
这件事标志着洋务运动的彻底失败。中国又一次遭遇奇耻大辱，当
时的日本只能说是一个半工业化的小岛国，中国连日本都打不过，
又怎么可能战胜已经完成工业革命的英国？

被打蒙了的中国人开始从体制上查找根源，康有为、梁启超出
场了。他们认为"器不如人"的认识太肤浅了，中国"器不如人"
背后的问题是"制不如人"，是制度层面出问题了，于是提出了
"戊戌维新"的改制主张。康有为向光绪皇帝上奏提出了"变法"
主张，核心观点是变君主专制为君主立宪。提出这种主张的理由很
清楚：英国和日本实行的都是君主立宪制度。光绪皇上想要改革的
心情也很急，短时间里发出了许多改革圣旨。

戊戌变法从1898年6月11日开始实施，其内容包括改革政府机
构、鼓励私人兴办工矿企业、开办新式学堂吸引人才等。变法损害
到以慈禧太后为首的守旧派的利益，遭到他们强烈抵制与反对。
1898年9月21日，慈禧太后发动政变，光绪帝被囚，康有为、梁启超
逃往国外，谭嗣同等"戊戌六君子"被杀，历时103天的变法失败。

戊戌变法失败，破灭了中国人对清王朝的最后一点希望。两年
后的1911年10月10日，湖北新军发动武昌起义，埋葬了清王朝。

二、中国的第二次工业化（1911—1949年）

辛亥革命成功后建立起中华民国，为中国进行第二次工业化创
造了条件。传承戊戌变法的精神，中国在政治制度上全面向西方学
习，建立了中国历史上第一个没有皇帝、非家天下的共和制政府。

就政治制度而言，革命后的中国甚至走在了英国制度的前面。英国光荣革命后，实行的是限制君权的君主立宪制，而中国干脆废除了帝制，提出了"民有、民治、民享"的口号，在执政理念上参照美国的民主分权制，建立了共和制度。

在工业化运动方面，1912—1919年，中国新建厂矿企业600多家，超过了过去半个世纪之和。发展最快的是纺织业和面粉业，还有火柴、榨油、造纸、化工等轻工业。这个时候，民族资本主义虽然取得较大发展，但是仍然受帝国主义和封建主义的压迫。民族工业的发展主要集中在轻工业方面，重工业基础极为薄弱，难以形成独立完整的工业体系。在帝国主义势力的控制下，民族工业不可能走上独立发展的道路。又经过30多年到1949年时，就平均生活水平和预期寿命而言，中国仍然是世界上最穷的国家之一。

三、中国的第三次工业化（1949—1978年）

在第一次工业化运动和第二次工业化运动中，虽然有了一些工业积累，但是经过14年抗战和3年解放战争，中国仅有的一些工厂基础基本上毁掉了。

在一穷二白的基础上，中国开始了第三次雄心勃勃的工业化尝试。毛泽东同志对中国走工业化道路有清醒的认识和极大的决心。他早在20世纪40年代就反复强调，我们在推翻三座大山之后最主要的任务是要搞工业化，由落后的农业国变成先进的工业国，建立独立完整的工业体系。

在之后实施的一五计划中，按照"一化三改"（"一化"是社会主义工业化，"三改"是农业、手工业、资本主义工商业的社会主义改造）过渡时期的总路线，对农业、手工业、私营工商业进行社会主义改造，以支持和保证国家的工业化建设。

打赢抗美援朝战争，争取到了民族独立和长期的和平发展环境；中国人民志愿军在朝鲜战场上的出色表现赢得了斯大林的尊重，他决定支持中国的工业建设，让中国成为对抗美国的一张王牌。苏联援助中国建设156个大型工业项目，优先发展重工业。原来预计用15年逐步完成私有经济向国有经济转化的进程，被大大压缩到了5年时间内完成。仅在"一五"期间取得的经济成就，就超过了旧中国一百年。

当然，苏联对中国的支援并非免费的午餐，中国要用农业产品和原材料进行交换。后来，苏联领导人提出了要在大连建立海军基地等要求被拒绝后，先是停止帮助中国研制原子弹，接着全面终止了对华的各项援助。

中国又经过20年的艰苦奋斗，到20世纪70年代初初步完成了国家工业化的原始资本积累，先后兴建了一系列工业项目，形成了一批新的工业基地，建立了种类齐全、完整的、独立的工业体系和发达的科技体系，成功地发射了"两弹一星"，打下了良好的工业化的基础。

中国为什么要追求实现工业化目标？是为了提高国家经济发展的效率，避免马尔萨斯陷阱。中国是世界农业种植主要基地之一，在漫长的农耕历史中不断改进农业技术，中国的农业生产效率达到了很高的水平。但是，农业的进步，转化成了大幅度的人口增长，而不是人均生活水平的提高。例如，在1500—1900年，中国人口从1亿增长到4亿，翻了4倍。新中国成立后，农业生产率更是飞速提高，使得中国人的平均寿命从35岁上升到68岁，总人口从6亿上升到10亿。但是，人口的增长抵消了生产率的提高，因此人均生产消费数量并没有增加。虽然通过大兴水利改善了灌溉系统，但靠天吃饭的问题，没有获得根本解决。

从工业化的角度看，虽然新中国前30年的工业化运动取得了巨大成绩，初步建立起了国家工业体系，但是发展模式上存在着一些缺陷：首先，通过模仿苏联的计划经济方式发展工业往往会对国家社会经济发展造成扭曲；如果得不到纠正，就会带来效率低下、社会资源浪费的严重后果。其次，国家工业化原始资本的积累主要靠农业。工业产品高价格，农产品低价格，用这种价格剪刀差的方式发展工业，既难以持久，不利于可持续发展，也难以形成良性循环。

改革开放后的工业化

1978年，在党的十一届三中全会上，以邓小平为核心的中央领导集体做出了改革开放的决定，将党的工作重心转移到经济建设上来，代替以前的"阶级斗争为纲"，中国第四次工业化运动开始了。40年里，中国的工业化取得了极大的成功。具体表现在以下几个方面。

一、中国成为世界第一制造业大国

世界银行的数据显示，2010年我国制造业增加值超过美国，成为第一制造业大国。这一年中国工业增加值达到1.955万亿美元（约合人民币12.75万亿元），在全球总增加值中所占的比例为19.8%；相比之下美国的工业增加值为1.952万亿美元，占19.4%。中国不仅超过了美国，而且等于排在后面几个国家的总和，达到曾经是中国工业化老师俄罗斯的13倍。苗圩（国家工业与信息化部原部长）评价说："这标志着自19世纪中叶以来，经过一个半世纪后我国重新取得世界第一制造业大国的地位。我国建成门类齐全、独立完整的现代工业体系，工业经济规模跃居全球首位。"

到了2018年，我国工业增加值为4.6万亿美元（约合人民币30.5万亿元），约为美国同期2.97万亿美元的1.5倍，约占世界制造业增加值的28%。我国工业增加值从1952年的120亿元增加到2018年的30多万亿元，按不变价计算增长约971倍，年均增长11%。中国成为驱动全球工业增长的重要发动机。

中国已经成为第一大工业国、第一大货物贸易国。中国220种重要工业产品的产量位居世界第一。随便可以举出一些"中国第一"的例子：高速公路（15万公里）、高铁（3.5万公里，占世界高铁总长的2/3）、地铁、水运、港口、隧道、桥梁、水利建设、电网等都是世界第一。其中有港珠澳大桥、北京大兴国际机场、沪苏通大桥、中国天眼射电望远镜、华龙一号核电站等惊艳全球的项目。

再举一些具体产品的例子，如粗钢产量（9亿吨，世界供给量的50%）、水泥（世界总产量的60%）、煤炭（世界总产量的50%）、电解铝（世界总产量的56%）、汽车（超过世界总供给量的1/4）；还有船舶制造、高速列车、机器人、工程机械、摩托车（占世界产量的50%）、彩电（占世界产量的48%）、电冰箱、空调（占世界产量的80%）、计算机、手机（占世界产量的70%）、集成电路产量等也是世界第一。

中国人口众多，利于网络建设，数字经济的规模达到31.3万亿元，居全球第二位；互联网宽带接入用户达4.4亿户，网民数量达8.54亿；中国5G基站数量和用户数都为全球第一。深圳成为世界上第一个5G信号覆盖的城市。新业态、新模式不断涌现。自动驾驶、智能家电、VR/AR、远程教育、远程医疗等领域的应用发展势头良好。

在高精尖制造业方面也有大量突破。北斗导航系统正式开通，5G网络加速成型，C919大型客机飞上蓝天，载人航天、探月工程、超级计算、量子通信等领域取得一大批重大科技成果。

中国研发经费投入总量居世界第二，通过《专利合作条约》（PCT）提交国际专利申请量跃居世界第一，工业专利申请是美国的

1.5倍。

二、中国建立起了全世界唯一的完整工业产业链

经过新中国70年的努力，中国建立起了完整的工业体系。按照工业体系完整度来算，中国以拥有39个工业大类、191个中类、525个小类，成为全世界唯一拥有联合国产业分类中全部工业门类的国家，联合国产业分类中所列举的全部工业门类都能在中国找到。

拥有完整的工业体系好处很多。

一是避免被人卡脖子。制造某种产品能找到所有的配套链条，别人就难以卡脖子。以高端芯片为例，虽然美国可以相当程度上卡住我们的脖子，但是就算没有高端芯片，许多产品上用中端产品也是可以用的，只是减弱了市场竞争力而已。避免卡脖子，不仅能够让制造业顺利进行和发展，更重要的是可以保证国家安全，特别是对军事工业来说更是这样。

二是能够有效降低生产成本。拥有完整的产业链，就能在产品的研发、生产时间、物流运输等各个环节有效地降低成本，从而让产品有市场竞争力。深圳的华强北就是一个例子。许多国外的"创客"愿意到这里来创业，就是因为深圳有最完整、距离最短、效率最高的产业链。在这里需要什么样的配套零件都能够找到，而且供应时间上能够做到最快。因此产品成本大大降低。

三是为未来的工业发展打下了坚实的基础。有了完整的工业体系、完备的产业链，制造业的进一步完善提高就会容易得多。因此我们可以有把握地预测中国制造业的发展后劲很足。

三、经济总量已经位居全球第二

根据国家统计局发布的数据，2019年国内生产总值达到99.1万

亿元，占全球经济比重达16%，对世界经济增长的贡献率达到30%左右。

中国的GDP数据在国际上的排名已经达到了第二名。根据国际货币基金组织2018年世界各国GDP排名，美国20.51万亿美元、中国13.46万亿美元（约合80万亿元人民币）。

如果我们回想一下，改革开放前中国的人均收入230多元（其中城镇340多元、农村130多元）、人均消费180多元，只与撒哈拉以南非洲地区的1/3相仿，就可以知道中国在40年时间里发生了多大的变化。可以用翻天覆地、一日千里等词语来形容。

著名经济学家林毅夫对中国经济实力的估算还要乐观，他认为按购买力平价计算，2014年中国已经成为世界第一大经济体。

按照著名学者文一的计算，工业革命已经彻底改变了中国和全球经济和地缘的政治格局。中国崛起给全球经济带来的冲击力是19世纪末美利坚合众国上升时期的20倍、19世纪初大英帝国爆发时期的100倍。例如，以水泥消费量为例，美国在1901—2000年总共消费了45亿吨水泥；中国在2011—2013年就消费了65亿吨水泥。中国在这三年的水泥使用量比美国整个20世纪100年里的使用量还要多出50%。

到2035年，中国将基本实现社会主义的现代化；到2050年，将建成社会主义现代化强国。中华民族的复兴指日可待，中国的发展趋势鼓舞人心。

中国工业化成功的原因

中国改革开放后的工业化，也就是第四次工业化为什么能够取得成功？

中国有很多学者就此问题展开讨论，网上这一类的文章非常多。其中，我感觉说得最有道理的是文一教授，他写了一本专著《伟大的中国工业革命——"发展政治经济学"一般原理批判纲要》，全面论述他的观点。文一1996年获美国爱荷华大学经济博士。任职很多，列在首位的职务是清华大学经济管理学院CCB讲席教授。他在书中以大量的数据和缜密的思路，得出了令人信服的结论。他认为中国工业革命之所以成功，是因为走了一条顺序正确的发展道路，其观点大概可以概括成为"正确顺序论"吧。

有两个概念容易搞混，请读者注意区别：凡是说"中国第一次、第二次……工业化"，说的是中国四次工业化的经历过程；凡是说"第一次、第二次……工业革命"，是说的世界工业化本身的升级形态。

一、乡镇企业兴起，完成了第一次创新

1978年后，中国乡镇企业大量涌现，形成了农村工业化（也就是原始工业化）的势头。"1978—1988年十年间，中国的乡镇企业从150万个变为1890万个，增长了12倍"。结果引爆了中国的第一次工业革命，短短数年里食品、纺织品、轻工业消费品大量出现在市场上，中国终于告别了"短缺经济"。

应该特别列举出纺织业这一事例。"中国纱线与棉织物的总产量分别从1985年的33万吨和19亿米增长到2002年的850万吨和322亿米，纱线增长了25倍，棉织物增长了15倍"。"在1995年，中国就已经超过美国成为世界最大的纺织品服装产品生产国和出口国，并且从此一直占据这个主导地位。"

我想起了曾经流传很广的一句话："中国人用8亿件衬衫换一架波音飞机。"以前听到这句话感觉心酸，但实际上这也是互利的生意。当时中国是以自己的优势轻工业产品，换取当时美国所擅长的高科技产品。从纺织行业起步的发展顺序，与英国当年的顺序完全一样，堪称历史重现。

二、轻工业的发展引起了对生产机器的大量需求，从而引爆了第二次工业革命

1995—2000年，中国批量生产劳动密集型轻工业品的能力极大提高，"中国制造"在国内外市场上的需求已经变得十分巨大，因此中国对能源、动力机械、基础设施和巨型机器设备的需求逐步出现，而且更重要的是批量生产重工业品变得有利可图，于是中国开始引爆第二次工业革命。"简单地说，就是用机器来批量生产机器。"

尤其是2001年中国加入世界贸易组织（WTO），为中国提供了更广泛深入参与世界市场的机遇。于是，中国进入了第二次工业革

命阶段。一旦按照正确的顺序进入升级转型的过程，就连1997年的亚洲金融危机、2008年的美国金融危机都难以阻挡中国快速发展的步伐。

我们可以将新中国前30年与后40年工业化发展的不同步骤做一个比较。前30年，提出了"工业以钢为纲"的口号，以156个项目为重点发展重工业，向重工业领域投入了巨额资金。但由于轻工业发展受到抑制，形不成对重工业的市场需求，结果重工业发展难以形成良性循环。

后40年的发展，以纺织品、食品等大众消费品引头，发挥出农村乡镇企业的比较优势，让轻工业蓬勃发展起来；轻工业的发展对机器设备等重工业产品形成了巨大需求，重工业就水到渠成地发展起来。以前从钢铁入手，技术难掌握，产业门槛高，不是大众直接消费产品，因此起步艰难；而后来从纺织业开头，技术容易掌握，产业门槛较低，市场需求量大，因此起步更容易一些。也因此，第一次工业革命、第二次工业革命发展的转型升级顺利。由此可以理解"正确顺序论"确实是有道理的。

三、政府培育市场是关键，走和平发展之路

在文一的"正确顺序论"理论中，还有一个培育市场的关键步骤。

在一般人印象里，有打算做生意的买卖双方，就自然出现了市场。实际上不是这样的，市场不是天然存在的，需要有人花功夫培育。"'自由'市场本身既不'自由'，也不'免费'，而是一种昂贵的公共品……这公共品的基石便是社会秩序和社会信任。"既然有昂贵的成本，培育就得要投入巨资、花费精力。当年英国工业革命时，承担培育市场体系平台任务的是英国政府和英国商人，政府躲在后面，商人冲锋在前。例如东印度公司商人扮演的就是这种

角色，他们四处奔波，花费时间和精力，让英国商品走出去占领世界市场。市场的规模越大，市场创造和参与的固定成本就越高，英国工业革命的成功，是建立在英国政府和商人不择手段开拓全球市场基础上的。

今天的中国，由各级地方政府承担起了培育国内市场的重任。地方政府积极招商引资，上级以各级干部发展经济的成绩作为考察、提拔干部的指标之一。正是在各级政府的积极努力下，培育出了完整、有效的市场体系平台，促进了工业化的快速发展。这就像是一场赛马，中央制定赛马规则，地方政府勇当赛手，企业是奔跑的良马。大家你追我赶，争当第一。那些身体素质好、技术精良、竞赛劲头足的赛手才能胜出；更重要的是通过比赛不断提高了整场所有选手的速度。经济学家张五常也认为中国地方政府之间的竞争是问题的关键。他在《中国的经济制度》一书中提出了"地方政府公司主义"的概念。他认为，地方政府的党委书记如同董事长，市长、县长如同总经理。政府掌握了土地、产业准入、政策优惠等地方资源的分配权，地方政府之间开展竞争。这是揭开中国经济增长秘密的钥匙。

在国际市场方面，中国先是对外开放，两头在外，大进大出，既引进国外的先进技术，也将国内产品推向国际市场。2001年，中国加入WTO，更加深入地融入了国际市场体系，促进了工业化的快速发展，从而经受住了2008年美国金融危机的考验。如今中国政府开始实行"一带一路"倡议，对外开放的力度更大，既让中国的工业化获得新的动力，也希望世界各国能够分享中国改革开放的红利。当年的英帝国靠坚船利炮野蛮强行打开世界市场；如今的中国用和平的方式加入到世界市场之中。

可以将旧中国工业化与新中国工业化的效果做个比较。无论是清朝政府还是民国政府，都没有意愿和能力培育正常的市场体系平台，这是前两次工业化失败的关键因素之一。更何况，旧中国在帝国主义列强的打压掠夺之下，民族工业发展更是步履艰难。新中国成立后，国家主权独立，中国共产党实现中国工业化的决心坚定，政府以满足人民发展经济的愿望为己任，将培育市场体系平台作为自己责无旁贷的责任。所有这些努力，加上改革开放后的第四次工业化采取了"顺序正确"的做法，中国工业化的脚步才坚定有力。

中国的强国之梦

工业化是战胜"马尔萨斯陷阱"的良药

英国工业革命时代人才辈出，其中包括一位著名的经济学家托马斯·罗伯特·马尔萨斯（1766—1834），他的研究以人口理论闻名。他在《人口论》一书中提出了一个观点：人口增长是按照几何级数增长的，而生存资源是按照算术级数增长的，多增加的人口总是要以某种方式被消灭掉，人口不能超出相应的农业发展水平。这个理论就被人称为"马尔萨斯陷阱"。这个理论听起来残酷，但不幸的是被许多历史进程所证明。

作者讲得清楚，这个陷阱与农业发展水平有关。英国通过工业革命摆脱了这个陷阱，成为世界一流强国。

我们可以以中国近代发展的历史来印证这个理论。古代中国是古代世界文明国家中农业技术先进的大国，古代中国的农业生产效率一直是很高的。而大量的农业产出转化成为大量的人口，并没有普遍提高人们的生活水平。新中国前30年里，在可使用耕地没有增长的情况下，农业生产率继续飞速提高，让中国人的平均寿命从35岁上升到68岁，总人口从6亿上升到10亿。人口的增长抵消了生产率的提高，人均消费水平并没有提高，农业靠天吃饭的问题也没有根本得到解决。

为什么农业生产水平的提高只会转化成人口的增加，而不是能提高社会生产效率呢？这与粮食的特点有关。生产出来的粮食是没有办法长期储存的，只能通过人口的增加消耗掉。因此，大丰收年往往是人口增加最快的年头。

此外，农业生产效率再高，也没有办法与工业效率相比。马克思在《共产党宣言》中说："资产阶级在它的不到一百年的阶级统治中所创造的生产力，比过去一切世代创造的全部生产力还要多，还要大……过去哪一个世纪料想到在社会劳动里蕴藏有这样的生产力呢？"因此，当世界上最高效率的农业国与新的工业国相遇后，前者还是无法抵挡后者的进攻而败下阵来，小小的工业化英国打败了世界最大的农业国清帝国。

由此可以知道，农业中国要想不失败，不灭国，在文明的道路上继续发展前进，必须转型成为工业国家。只有实现了工业化，凤凰涅槃，浴火重生，中国才能避开"马尔萨斯陷阱"。

工业化是古老文明民族复兴的必经之路

有人说，由于中国是文明古国，复兴是必然的。但这却难以解释为什么文明古国中有3个（古两河文明、古埃及文明、古希腊文明）消失不见了；1个（印度）文明中断过。

也有人说古代历史太久远了，只说近代的国家吧。在西方崛起之前，世界上的几个大国都在东方：中东有继承了阿拉伯文明的奥斯曼帝国；南亚次大陆有印度莫卧儿帝国；远东有中国清帝国。

奥斯曼帝国是15—19世纪时唯一能挑战欧洲国家的伊斯兰势力，后来逐渐衰落。一战中奥斯曼帝国战败、分裂，最后灭亡。在奥斯曼帝国的废墟上建立起了土耳其共和国。虽然该国时不时会冒

出重温奥斯曼帝国旧梦的雄心，但是国家发展步伐缓慢，旧梦恐怕
难以重现。

印度从18世纪开始的200年里一直受英国的殖民统治，二战后英
国势力衰落，1947年印度和巴基斯坦分别独立。印度人口众多、发
展有潜力，但矛盾重重，乱象不断，复兴的道路遥远漫长。

中国自1948年鸦片战争爆发，断崖式坠落，国运低到了谷底。
在长达百年时间里，先烈慷慨就义，志士前赴后继，人民不屈不挠
与列强斗争；在治国上探索各种各样的策略方法；不畏艰难，不折
不挠，屡败屡战，其事迹可歌可泣，其精神千古流芳。直到新中国
成立，举国上下为实现工业化而努力，特别是改革开放后，发现了
工业革命的秘密，才走上工业化的正确道路，中国出现了欣欣向荣
的兴旺景象。

历史说明，拥有古老的文明遗产，可能是一种文化优势，但不
能保证实现民族复兴。只有实现了主权独立，建立新的政治经济制
度，找到正确的发展道路，才有可能走上强国之路。

中国特色社会主义是实现工业化的制度保证

总结工业革命的历史经验，可以看出国家政治制度对工业化
取得成功所起的决定性作用。英国近代君主独裁制转变为君主立宪
制，采纳了一种适合英国发展的政治制度。这种政治制度保证了工
业化发展需要的社会稳定秩序，极大地调动起民众的积极性，让英
国的工业革命取得成功。而今日的中国，正成功地走在工业化的道
路上，也与我国选择了一条符合中国国情的政治制度有很大关系。

关于这个问题有两本书值得推荐。一本是金一南的《为什么
是中国》；另一本是鄢一龙等几个年轻人所写的《大道之行：中国
共产党与中国社会主义》。按照金一南的看法，中国之所以取得成
功，是因为有共产党的领导和中国特色社会主义制度。旧中国之所

以在与西方列强的斗争中屡屡败北，是因为没有一个政治正确、组织有力的领导核心将民众组织起来，"四万万中国人，一盘散沙而已"。清朝政府担任不起中国进行工业化的责任；后来的北洋军阀政府、国民党的民国政府也都难以承担这样的重任。只有中国共产党组织中国民众，进行坚决的革命斗争、实现国家主权独立后，又领导人民为国家工业化而奋斗。

几位年轻人在《大道之行》书中讲了两条道理：办中国的事必须有中国共产党的领导；中国共产党只有依靠人民才能领导人民。对社会主义制度，他们认为："只有社会主义才能同时满足'劳者有其得'和'劳者有其尊'，这对于人多地少、资源匮乏的中国而言是唯一正途，这正是近代以来中国无数仁人志士抛头颅洒热血孜孜以求的，也是中国共产党的生命力和正当性所在。"（《大道之行》，第113页）

按照中国人的传统文化看法，决定历史发展、人类命运的是"道"。这个"道"神秘莫测，不见真容，迎面不见其首，随后不见其尾。但是它是掌握事物发展变化的真神和裁判。"道"给过清朝政府机会，晚清的戊戌变法继日本的明治维新之后进行。但是日本成功而中国失败了。"道"给过国民党民国政府机会，但是开始具备革命精神的国民党后来却向人民群众举起了屠刀，又与帝国主义勾结起来，断送了中国工业化的前途。

历史最后选择了中国共产党和社会主义制度。中国共产党来自人民，领导和组织人民，先是举行武装斗争，建立了社会主义政权；接着进行工业化运动，迎来一片大好形势。民众又为什么选择中国共产党？因为共产党是为人民谋幸福的政党，得民心者得天下。中国为什么选择走社会主义道路？因为社会主义道路是强国之路，是中华民族复兴之路。中国特色的社会主义深深地打上了中国优秀传统文化的烙印，符合民众大一统、集中力量办大事的文化心理。

尾 声

英国对人类文明的贡献

现在应该给英国文明在人类文明中的地位排名、打分。

打分采用100分制。评分项目如下：文明产生的时间（25分），该文明体拥有的人数（10分），该文明在历史上存在的时间（10分），古文明是否已经死亡（10分），该文明体当今的表现（10分），对世界文明宝库的贡献（15分），对人类世界产生的影响（20分）。

英国对人类文明的主要贡献就是引爆了工业革命。此外，还有诞生了经典物理学的鼻祖牛顿，以莎士比亚为代表的文学家，以斯密、李嘉图为代表的经济学家，空想社会主义理论家莫尔等，他们的思想和作品对欧洲、对全世界产生了重大影响。

工业革命让人类从农业生产方式进入到工业生产方式，人类的生产效率因而大大提高，加快了人类文明发展的速度。可以说英国重塑了世界文明的面貌。后来的英国虽然逐渐衰弱，走下了"日不落帝国"的神坛，但影响至今仍然巨大。可以预见，英国的文化遗产将一直会保持重要影响。

感觉应该给大不列颠文明打87分。

与已经打过分的文明体做一比较：

中华文明　　　88分。

以色列文明　　82分。

荷兰文明　　　79分。

葡萄牙文明　　77分。

西班牙文明　　76分。

德意志文明　　73分。

本人的看法是否有道理，请读者们评议和批评指正。

参考资料

[1] 中央电视台《大国崛起》节目组. 英国[M]. 北京: 中国民主法制出版社, 2006.

[2] 唐晋. 大国崛起[M]. 北京: 人民出版社, 2006.

[3] 金一南. 为什么是中国[M]. 北京: 北京联合出版公司, 2020.

[4] 鄢一龙, 白钢, 章永乐, 等. 大道之行——中国共产党与中国社会主义[M]. 北京: 中国人民大学出版社, 2015.

[5] 文一. 伟大的中国工业革命[M]. 北京: 清华大学出版社, 2016.

[6] 尼尔·弗格森. 文明[M]. 曾贤明, 唐颖华, 译. 北京: 中信出版社, 2012.

[7] 大宝石出版社. 走遍全球·英国[M]. 刘东尼, 陈大卫, 张丽丽, 译. 北京: 中国旅游出版社, 2002.

[8] 尤瓦尔·赫拉利. 人类简史·从动物到上帝[M]. 林俊宏, 译. 北京: 中信出版社, 2018.

[9] T.S.阿什顿. 工业革命（1760—1830）[M]. 李冠杰, 译. 上海: 上海人民出版社, 2020.

[10] 萨利·杜根, 戴维·杜根. 剧变·英国工业革命[M]. 孟新, 译. 北京: 中国科学技术出版社, 2018.

[11] 罗伯特·艾伦. 近代英国工业革命揭秘[M]. 毛立坤, 译. 杭州: 浙江大学出版社, 2012.

[12] 西蒙·蒙蒂菲奥里. 大人物的世界史[M]. 谷蕾, 李小燕, 译. 长沙: 湖南人民出版社, 2016.

图片来源:

本书图片除署名图片外, 其他图片由深圳市中小企业发展促进会提供。